TÍPICOS
TIPOS

TÍPICOS TIPOS

DE JOÃO PAULO II A CHE GUEVARA,
UM OLHAR SOBRE ÍCONES
QUE MARCARAM A HISTÓRIA

FREI BETTO

Nova edição revista e atualizada

São Paulo
2022

A GIRAFA

Típicos Tipos
© 2022 Textos Frei Betto
© 2022 by Grupo editorial Universo dos Livros

Todos os direitos reservados e protegidos pela Lei 9.610 de 19/02/1998.
Nenhuma parte deste livro, sem autorização prévia por escrito da editora, poderá
ser reproduzida ou transmitida sejam quais forem os meios empregados: eletrônicos,
mecânicos, fotográficos, gravação ou quaisquer outros.

Diretor editorial
Luis Matos

Gerente editorial
Marcia Batista

Assistentes editoriais
Letícia Nakamura
Raquel F. Abranches

Preparação
Maria Helena Guimarães Pereira
Marina Constantino

Revisão
Aline Graça
Bia Bernardi

Diagramação e capa
Renato Klisman

2ª edição

Dados Internacionais de Catalogação na Publicação (CIP)
Angélica Ilacqua CRB-8/7057

B461t
Betto, Frei, 1944-
Típicos tipos : de João Paulo II a Che Guevara, um olhar sobre ícones que marcaram a História / Frei Betto. –– 2. ed. – São Paulo : A Girafa, 2022.
224 p.
ISBN 978-85-7719-036-2
1. Ensaios brasileiros 2. Cultura 3. Política 4. Esquerda (Ciência política) 5. Espiritulidade
I. Título
22-1386   CDD B869

Grupo Editorial Universo dos Livros — selo A Girafa
Avenida Ordem e Progresso, 157 – 8º andar – Conj. 803
CEP 01141-030 – Barra Funda – São Paulo/SP
Telefone/Fax: (11) 3392-3336
www.universodoslivros.com.br
e-mail: editor@universodoslivros.com.br
Siga-nos no Twitter: @univdoslivros

A Christina Fonseca

SUMÁRIO

SIGLAS 11

.... 13

DESTERRADO 15
EMOÇÕES 17
BAILE DE CARNAVAL 20
VESTIDA DE MISTÉRIO 23
QUERIDA LIBERDADE 26
O ESPÍRITO CAPITALISTA 27
O INVERNO 30
VAIDADE DAS VAIDADES 31
CARTOGRAFIA DO CORPO 33
BARCELONA, MADRI, PARIS 37
FRANCISCO, O SANTO E O RIO 38
SER MINEIRO 41
MENINA NA MISSA ....
ATRI SENRO 51
O CHURRASCO 53
A BOLSA DA RAINHA 55
CHARUTOS, TOQUE DE CLASSE 57
DA ARTE DE DAR E OUVIR 59
A ESTRANHA FELIA DOS CELULARES 61
REDES DIGITAIS: O AEVO E VOCÊ 63
O DESEMPENHO 66
O PÃO-DURO 58

SUMÁRIO

SIGLAS 11

I 13

DESTERRADO 15
EMOÇÕES 17
BAILE DE CARNAVAL 20
VESTIDA DE MISTÉRIO 24
QUERIDA LIBERDADE 26
O ESPÍRITO CAPITALISTA 27
O INVEJOSO 30
VAIDADE DAS VAIDADES 33
CARTOGRAFIA DO CORPO 35
BARCELONA, MADRI, PARIS 37
FRANCISCO, O SANTO E O RIO 42
SER MINEIRO 44
MENINA NA MISSA 49
MEU GENRO 51
O CHURRASCO 53
A BOLSA DA RAINHA 55
CHARUTOS, TOQUE DE CLASSE 57
DA ARTE DE USAR ÓCULOS 59
A ESTRANHA SEITA DOS CELULÁRIOS 61
REDES DIGITAIS: O ALVO É VOCÊ! 64
O DESEMPREGADO 66
O PÃO-DURO 68

II 71

POETAS GERAIS DE MINAS.......................................73
HÉLIO PELLEGRINO..77
HÉLIO, PAULO & OTTO (ENCONTRO NO CÉU)......82
GOSTO DE DEUS...85
OSWALDO FRANÇA JÚNIOR.....................................88
MESTRE TRISTÃO (1893-1983)..................................92
ALFREDO BOSI, UM AMIGO.....................................95
ANTONIO CANDIDO MILITANTE.............................98
FRADIM...103
PERFIL AMIGO DE UM CONSPIRADOR DO BEM.....106
CONRAD DETREZ..112
A FÉ HUMANISTA DE CAMUS..................................114
ERNESTO CARDENAL (1925-2020):
POETA, MÍSTICO, REVOLUCIONÁRIO......................117

III 121

QUERIDO COMPANHEIRO JESUS.............................123
NÃO DÊ AS COSTAS AO SEU ANJO..........................128
O DIA EM QUE VI DEUS...130
A BÍBLIA PELA ÓTICA FEMININA............................132
AMÓS E NÓS..135
EXPEDITO E JORGE...137
GIORDANO BRUNO..139
QUERIDA MADRE PAULINA......................................141
O VAGABUNDO DE DEUS...144
JOÃO PAULO II, O PAPA POLÍTICO..........................145
DOIS PAPAS, DUAS VISÕES......................................148
O CARDEAL...151
DOM CLÁUDIO HUMMES (E OUTROS CARDEAIS)...153
O PROSCRITO..156
FREI MATEUS ROCHA...158

MEU PAI, FREI DOMINGOS 162

FREI CARLOS JOSAPHAT 164

FREI GIL (1903-1990) 166

FREI GUILHERME CHEGA AO CÉU 168

MEU AMIGO DOM LUÍS 170

IV 173

CARTA ABERTA A ERNESTO CHE GUEVARA 175

FIDEL, O HOMEM QUE CABE DENTRO DE UM GRÃO DE MILHO 180

PRESTES 185

LULA 187

ESQUERDA, RESGATE DO SONHO 192

RESGATE DA INDIGNAÇÃO 194

O PASSADO PASSOU? 196

SOMOS TODOS PÓS-VERDADE? 198

UM HOMEM DE BEM 200

FARMÁCIA AMERICANA 202

MEU AMIGO RICARDO KOTSCHO 204

OBRAS DE FREI BETTO 209

SIGLAS

ABC Região fabril da área metropolitana de São Paulo, que compreende vários municípios, entre os quais se destacam Santo André, São Bernardo do Campo e São Caetano do Sul

AI-5 Ato Institucional Número Cinco

AIDS/HIV Síndrome da Imunodeficiência Humana

ALN Ação Libertadora Nacional

AP Ação Popular

CEB Centro de Estudos Bíblicos

CELAM Conselho Episcopal Latino-Americano

CENIMAR Centro de Informações da Marinha

CIA Agência Central de Inteligência dos Estados Unidos

CMP Central de Movimentos Populares

CNBB Conferência Nacional dos Bispos do Brasil

CPC Centro Popular de Cultura

CUT Central Única dos Trabalhadores

DEOPS Departamento Estadual de Ordem Política e Social de São Paulo

DOPS Departamento de Ordem Política e Social

EUA Estados Unidos da América

FAB Força Aérea Brasileira

FAR Forças Armadas Revolucionárias

FIESP Federação das Indústrias do Estado de São Paulo

FMI Fundo Monetário Internacional

IBASE Instituto Brasileiro de Análises Sociais e Econômicas

IEB Instituto de Estudos Brasileiros

ISEB Instituto Superior de Estudos Brasileiros

JEC Juventude Estudantil Católica

JOC Juventude Operária Católica

SIGLAS

ABC	Região fabril da área metropolitana de São Paulo, que compreende vários municípios, entre os quais se destacam Santo André, São Bernardo do Campo e São Caetano do Sul
AI-5	Ato Institucional Número Cinco
AIDS/HIV	Síndrome da Imunodeficiência Humana
ALN	Ação Libertadora Nacional
AP	Ação Popular
CEBI	Centro de Estudos Bíblicos
CELAM	Conselho Episcopal Latino-Americano
CENIMAR	Centro de Informações da Marinha
CIA	Agência Central de Inteligência dos Estados Unidos
CMP	Central de Movimentos Populares
CNBB	Conferência Nacional dos Bispos do Brasil
CPC	Centro Popular de Cultura
CUT	Central Única dos Trabalhadores
DEOPS	Departamento Estadual de Ordem Política e Social de São Paulo
DOPS	Departamento de Ordem Política e Social
EUA	Estados Unidos da América
FAB	Força Aérea Brasileira
FAR	Forças Armadas Revolucionárias
FIESP	Federação das Indústrias do Estado de São Paulo
FMI	Fundo Monetário Internacional
IBASE	Instituto Brasileiro de Análises Sociais e Econômicas
IEB	Instituto de Estudos Brasileiros
ISEB	Instituto Superior de Estudos Brasileiros
JEC	Juventude Estudantil Católica
JOC	Juventude Operária Católica

JUC	Juventude Universitária Católica
MEB	Movimento de Educação de Base
MEC	Ministério da Educação
MIRE	Mística e Revolução
MR-8	Movimento Revolucionário 8 de Outubro
MST	Movimento dos Trabalhadores Rurais Sem Terra
PCB	Partido Comunista Brasileiro
PC do B	Partido Comunista do Brasil
PODE	Portador de Direitos Especiais
PSB	Partido Socialista Brasileiro
PT	Partido dos Trabalhadores
PTB	Partido Trabalhista Brasileiro
PUC	Pontifícia Universidade Católica
UNE	União Nacional dos Estudantes
USAID	Sigla em inglês de Agência dos Estados Unidos para o Desenvolvimento Internacional

JUC	Juventude Universitária Católica
MEB	Movimento de Educação de Base
MEC	Ministério da Educação
MIRE	Mística e Revolução
MR-8	Movimento Revolucionário 8 de Outubro
MST	Movimento dos Trabalhadores Rurais Sem Terra
PCB	Partido Comunista Brasileiro
PC do B	Partido Comunista do Brasil
PODE	Portador de Direitos Especiais
PSB	Partido Socialista Brasileiro
PT	Partido dos Trabalhadores
PTB	Partido Trabalhista Brasileiro
PUC	Pontifícia Universidade Católica
UNE	União Nacional dos Estudantes
USAID	Sigla em inglês de Agência dos Estados Unidos para o Desenvolvimento Internacional

DESTERRADO

No oitavo andar do prédio, mesmo descalço, estou distante da superfície do planeta Terra. Há uma montanha de cimento e ferro entre o meu corpo e a terra que produz alimentos e flores, abre-se em rios e mares, acolhe pedras e absorve chuvas.

Desço e, a caminho do trabalho, desloco-me em um veículo que me mantém a certa distância do dorso do Planeta. Trafego por avenidas que já foram rios e ruas que vedam as costas dessa nossa morada cósmica com uma densa camada de asfalto.

Entro no elevador, essa caixa metálica que nos distribui por salas e escritórios como marionetes agitadas de um gigante invisível que ri de nossa sofreguidão. À hora do almoço, piso em calçadas espessas com meus pés cobertos por grossas solas feitas de material sintético.

Nunca deixo o meu corpo em contato direto com a Mãe Gaia. Meu computador tem um fio terra, mas eu não. Guardo em mim toda a energia acumulada, excessiva, que dilata as gorduras que entopem minhas artérias, faz desabrochar minhas úlceras, prepara o meu coração para o infarto e promove a tensão que me torna irritadiço e estressado.

Não tenho nenhum canal aberto por onde a energia acumulada possa fluir e ser liberada. Não piso a relva para não sujar os pés; temo me arranhar na aridez das pedras; e quase nunca mergulho no mar, cuja salinidade opera o descarrego do corpo. Como um ser aéreo, transito sem contato direto com este Planeta que é minha terra mátria. Dele sugo a vida e a minha própria história biológica e psíquica. Nosso percurso rumo à vida teve início, juntos, há 3,5 bilhões de anos, quando começou a diminuir o calor que revestia este fragmento de Sol chamado Terra, ainda que contenha muito mais água.

Carregado pela fita isolante que me envolve, não piso na Terra e, por isso, piso em meus semelhantes. Impaciente, reajo bravo a qualquer contratempo e trago a intolerância como escudo. Sou um filho de Gaia que cortou seu cordão umbilical, como se pudesse prescindir do leite materno. Já não intercambiamos energias. Meus pés, guarnecidos por meias e sapatos, servem apenas para movimentar as pernas. Assim, isolo meu corpo e isolo o corpo do Planeta, escondendo-o sob pedras, areia, asfalto e prédios.

Enterro a Terra. Sem me dar conta de que, de fato, construo minha própria tumba, tão lacrada quanto as dos faraós. A diferença é que eles as ocuparam quando mortos. Eu, no entanto, habito um espaço muito mais amplo do que as pirâmides. Vivo no imenso sarcófago da megalópole, cujos shopping centers são pirâmides estilizadas. Ouço cada vez mais o sussurro dos mortos e cada vez menos o hálito saudável de Gaia.

Sou um desterrado. E ainda insistem em me convencer de que isso é progresso.

EMOÇÕES

Eis o imprevisível: boas e más emoções. Peraltices a desconcertar a razão. Não há sisudez, rigor acadêmico, pose ou propósito que resista à força da emoção.

Um filme. Visto na sala adequada, tudo surpreende. A trama toca a sensibilidade e nos transporta para além de nós mesmos. Ultrapassamo-nos, impelidos pela estética que ressuscita o outro ser adormecido no âmago de nosso espírito, dopado por trivialidades. Ao deixar o cinema, a cidade brilha diferente aos nossos olhos.

O reencontro. Está tudo bem, a casa em ordem, os filhos sadios e o casamento oscilando entre muitos deveres e pequenos prazeres. Súbito, uma esquina, um restaurante, uma viagem... e eis aquele(a) que havia sido racionalmente excluído(a) de nossa vida. Ainda que se finja não o(a) ver, ele(a) vem conosco, como um fardo que sufoca e perturba. O raciocínio inquieta-se. A imaginação enlouquece.

Górgonas: inveja, calúnia e ódio. Após desterrar as três irmãs dotadas de um só olho e um único dente, eis que o reencontro casual desperta o tigre confinado a um recanto da memória. Fingimos não ver, evitamos olhar, aceleramos o passo. Há quem suscite o que há de mais satânico em nós. Banido de nosso mundo, preferimos ignorar-lhe a existência. Contudo, o acaso promove o reencontro. As emoções sopram como ventos furiosos que destelham a razão e embaralham os sentimentos.

Se a saudade é recompensada, trocamos breves palavras, saudações, como vai, e seguimos desarvorados. A lufada de vento arranca folhas das plantas de nosso jardim. Num segundo, somos estranhos a nós mesmos, enlevados pela poesia que reverbera na intimidade.

Comungamos o melhor de nós, qual sabor que o paladar experimenta mas não retém.

Um retrato, uma bengala, um xale. Sacramentos de quem partiu, deixando-nos órfãos. Apenas objetos e, no entanto, há um mundo intraduzível encerrado neles. Só os olhos do coração enxergam. A faxineira talvez atirasse ao lixo aquela entrada de teatro amarelecida pelo tempo. Sacrilégio de quem ignora quanto significado está ali contido. É o que resta de um amor que jamais morre.

Uma saudade. Funda, farta, forte, fértil. Ninguém desconfia. Eis a singularidade de nosso ser em sua liberdade mais plena. Agora somos plurais. Evocação de Deus, da(o) amada(o), do momento indelevelmente gravado. Sabor de viver. Mistério que só a intimidade vislumbra e, no entanto, transfigura-nos por dentro e por fora. Saudável e saudosa saudade. Salve a memória!

Um toque, um olhar, uma palavra. Eis a garganta arranhada, o calor no peito, as lágrimas. Nosso mundo individual se insere em uma tribo restrita. Como se no cofre do amor coubesse muito pouco. O suficiente para imprimir deleite a esta breve existência.

A volta. Ali está a cidade entre fraldas de montanhas ou à luz generosa do porto. Desembarcamos em busca de um passado que só resta na memória. Já não há o coreto, o porto é um mangue de embarcações sem viço, a rua perdeu o encanto. Andamos em busca de um tempo que passou. Partiram os amigos, as mangueiras cederam lugar aos postes, o campo de futebol ficava no estacionamento do supermercado.

Ainda assim, insistimos em ver o invisível: a casa da madrinha, o armarinho onde hoje se ergue o supermercado, o rio que a avenida cobriu. Percorremos a cidade em busca da criança que brinca de se esconder em alguma dobra de nosso ser. Como seria bom virar a esquina e, de repente, encontrar a mesma rua, o Ford Bigode de seu Jacinto, a janela em que Marinalva se debruçava à espera do caixeiro-viajante que partiu levando, junto com amostras de remédios e catálogos de ferramentas, o coração dela.

Uma obra de arte. Apenas uma tela, uma escultura, uma poesia, um romance. No entanto, tudo ali. O artista retrata nossas faces obscuras e, também, as mais utópicas. Faz vibrar com intensidade as alamedas oníricas de nossos bosques secretos. Quedamos paralisados diante da pintura, enquanto o olhar penetra-a em profundidade.

Os olhos remodelam cada curva da escultura e a emoção extrai-lhe a alma. *Parla!* Ela revive em nós. O poema ressoa como a música que nos convida ao baile de fantasias aladas. O romance nos conduz por veredas jamais pressentidas. Este ou aquele personagem é o nosso clone. O sentido da existência se tece ao longo do texto.

Uma surpresa. O abraço, o presente, a comemoração. A idade volatiliza-se. Somos transportados ao imponderável. Fingimos reticências por não saber soltar emoções como balões em céu azul. Eis o céu limpo, os ventos favoráveis e, de fato, somos nós que levitamos acima da razão, da lógica, das aparentes certezas que trazem ilusórias seguranças.

Feitos de barro e sopro, somos um feixe de surpreendentes emoções, em geral congeladas pelo medo de ser o que se é.

BAILE DE CARNAVAL

No Carnaval, despirei a fantasia da vaidade e entrarei no corso dos que buscam os bailes do espírito. Desfilarei na Via Láctea cavalgando um asteroide e aplaudirei o rodopio de Gaia, a porta-bandeira, sob os olhos dourados do mestre-sala, o Sol. Espalharei pelo teto do céu confetes de estrelas, enquanto os cometas cruzarão como serpentinas brilhantes.

Nada de me encharcar de cerveja, pois me embriagarei com a euforia dos que descem dos morros para exibir com pompas suas escolas de ilusões. Contemplarei a alucinada ginga dos passistas que, no resto do ano, driblam as agruras da vida sem que aplaudam a sua teimosia.

No Carnaval, arrancarei pelas ruas as máscaras dos bem pensantes que integram o bloco ácido dos arautos da verdade. Pintarei em seus rostos amargurados a curva ascendente de um sorriso para livrar-me de tão conservadoras tristezas. Gravarei corações enamorados nos muros e farei florir na copa das árvores botões de insensatez.

Engrossarei uma batucada tão vibrante a ponto de me proteger dos ruídos insidiosos e dos discursos forjados na retórica das gralhas. Tomarei em mãos a cuíca e, de seu soluço agônico, arrancarei a cadência capaz de impelir meus passos rumo ao futuro.

Não irei aos bailes da cegueira, onde os olhos se recusam a espelhar a felicidade alheia, nem aos desfiles de fantasias que desplumam soberbas. Entrarei na roda de sorrisos ingênuos e darei as mãos aos corações trepidantes daqueles que jamais encerram o Carnaval dentro de si. Dançarei o frevo altissonante dos ébrios de utopias e seguirei o trio elétrico que semeia êxtases nas veredas do deserto.

No Carnaval, meu samba não será de uma nota só, pois tanto riso e tanta alegria haverão de despertar, no íntimo de cada um de nós, o Pierrô e a Colombina apaixonados.

Aspergirei perfume para espantar todos os odores em volta que fazem minguar as flores. E me somarei ao cordão dos que ardilosamente entoam cantos de esperança.

Não darei ouvidos ao reco-reco dos que insistem em ensurdecer com seus lamentos o grito de Carnaval. Nem abrirei alas a quem impede a passagem do porvir. Ostentarei na passarela a alegoria de promissoras conquistas e preencherei todos os quesitos de um amor inefável, não aquele que é eterno enquanto dura, mas sim o que dura enquanto é terno.

Desfantasiado de esbelto, exibirei contente pelas ruas o balanço volumoso de minhas gorduras, o brilho prateado de meus cabelos brancos e a minha doce feiura. Entre tanta beleza virtual, esculpida à ponta de bisturi, concorrerei ao prêmio de originalidade.

Deixarei dançar a flacidez de minhas carnes e, após passar a suntuosa escola de divas alouradas e apolos musculosos, catarei em um saco de lixo a vergonha de não suportarem a esplêndida maquiagem que o tempo delicadamente imprime a quem conhece a arte de envelhecer.

No Carnaval, anseio por folias interiores, de maravilhas indescritíveis, de sinuosos alaridos, de magnificências a dispensar ruídos e palavras. Quero toda a avenida regida por inequívoco silêncio, o baile imponderável em gestos rituais, a euforia estampada em cada sorriso.

Rasgarei a fantasia de minhas pretensões e, despido de hipocrisias, deixarei meu eu mais solidário desfilar alegre pelas recônditas passarelas de minha alma.

Fecharei os ouvidos à estridência dos apitos e, mente alerta, escutarei o ressoar melódico do mais íntimo de mim mesmo. Deixarei cair as máscaras do ego e, nas alamedas da transparência, farei desfilar, soberba, a penúria de minha condição humana.

Não permitirei que me arraste o bloco da concupiscência. Inebriado pelo ritmo aflito da cuíca, serei o mais iconoclasta dos discípulos de Momo, recolhido ao vazio de minha própria imaginação.

No Carnaval, serei figurante na escola da irreverência até cessar a bateria que faz dançar os fantasmas que me povoam. Envolto na desfantasia do real, perseguirei os voos das serpentinas para que impregnem de colorido as diatribes de meu ceticismo.

No estertor da madrugada, farei ébrias confidências à Colombina e, Arlequim apaixonado, ofertarei as pétalas que me recobrem o coração. Não porei olhos no desfile da insensatez, nem abrirei alas à luxúria do moralismo.

Esperarei baixar a sofreguidão que me assalta, buscarei a euforia do espírito no avesso de todas as minhas crenças, exibirei em carros alegóricos as íngremes ladeiras da montanha dos sete patamares.

Darei vivas à vida Severina, riscarei Pasárgada de meu mapa e, ainda que não me chame Raimundo, farei da rima solução de tantos impasses neste devasso mundo. Expulsarei de meu camarote todos os incrédulos do Pai-Nosso cegos aos direitos do pão deles.

Revestido de inconclusas alegorias, sairei no cordão das premonições equivocadas e, vestido de Pierrô, aguardarei sentado na esquina que a noite se dissolva em epifânica aurora.

Ao passar o corso da incompletude, abrirei as gaiolas da compaixão para ver o céu coberto pela revoada de anjos. Trocarei as marchinhas por aleluias e encharcarei de perfume os monges voláteis incrustados em minhas imprudências.

Olhos fixos no esplendor das batucadas siderais, contemplarei o desfile fulgurante dos astros na Via Láctea. Verei o Sol, mestre-sala, inflamar-se rubro com dança elíptica da cabrocha Terra. Se Deus entrar na roda, festejarei a beatífica apoteose.

Evocarei os orixás de todas as crenças para que a paz se irradie sobeja. Puxarei o canto devocional de quem faz da vida a arte de semear estrelas.

Entoado o alusivo, darei o grito da paz. No reverso do verso, cunharei promissoras notícias e, no quesito harmonia, farei a víbora e o cordeiro beberem da mesma fonte.

Meu enredo terá a simplicidade de um haicai, a imponência de um poema épico, a beleza das histórias recontadas às crianças. De adereços, o mínimo: a felicidade de quem pisa os astros distraído.

Farei da nudez a mais pura revelação de todas as virtudes; assim, ninguém terá vergonha de mostrar o que Deus não teve de criar, e a culpa será redimida pelo amor infindo.

No Carnaval, não haverei de me embriagar de etílicos prazeres. Me submeterei às libações subjetivas, ofertarei ao Mistério cálices de clarividências e iluminuras gravadas em hóstias.

Enclausurado na comunhão trinitária, ingressarei na festa que se faz de fé e na qual toda esperança extravasa no amor que não conhece dor. Então a palavra se fará verbo; o verbo, carne; e a carne será transubstanciada em festival perene — Carnaval.

Na manhã de quarta-feira de cinzas, arrancarei minha fantasia de Arlequim e carregarei solitário meu pandeiro. Com as pernas mergulhadas no lago da praça, lançarei na água uma a uma as argolas, para vê-las flutuar como estrelas de prata. Em seguida, farei o pandeiro boiar como um barquinho.

Então, revestido da criança que me habita, embarcarei, seguro de que as cinzas da morte são apenas confetes que Deus asperge em seu baile infindável, no disco de madeira e couro para o qual a vida me conduz como sedutora anfitriã de um Carnaval do qual só participa quem rasga a fantasia.

VESTIDA DE MISTÉRIO

De mim sei quase nada. Um pedaço de estrela cadente. Vivo em vertigens. Às vezes me assusto.

Houve um dia em que falei para Maria: eu te entrego meu coração. Ela abaixou as pestanas, roseou as faces e cruzou as mãos no regaço, quase tímida. Fez um silêncio abissal. Senti um tremor na ponta da alma. Fiquei assim, comovido de aflição, até que ela ergueu o rosto e abriu os olhos repletos de noite estrelada: seu coração pertence só a mim, disse com voz de formigas segredando rotas. Mas eu não aceito enquanto você não vier inteiro.

Senti uma pontada de agulhas nas costuras do espírito. Agasalhado pela confusão, dei um passo para dentro de mim, em busca do meu verdadeiro eu. Vi muitos cacos no caminho. Pelo avesso sou um quebra-cabeça disperso, sem uma peça encaixada na outra. Só por fora tenho essa aparência de inteireza.

Perguntei a Maria, agarrado no toco do desespero, morrendo de medo de ela esculpir uma verdade verduga: o que te faz assim desconfiada? Ela flamejou os olhos, ergueu o braço e cravou o dedo em minha consciência: seu ciúme! Homem que prende a mulher na fortaleza de cuidados excessivos e desnecessários, e põe vigias a desfilar pelas muradas armados de pontiagudas desconfianças, não é nem senhor de si, nem senhor de mim. É vento sem direção. Borrifa mágoas por todos os poros. Oferece o coração e fuzila com os olhos, como se os sentimentos, absorvidos pelo vácuo, entrassem em ebulição, soltando a língua maledicente no pasto das inseguranças. Recolha as trevas de suas dúvidas e arme-se com o escudo da fé. Então, descobrirá a confiança e a fidelidade, que brotam do mesmo ramo.

As palavras de Maria deram um nó em meu coração. Doeu uma dor surda, funda, aquela dor que não é ferimento, mas de quem não suporta a própria nudez entre quatro paredes. Foi então que descobri que os laços que me prendiam a Maria eram, aos olhos dela, fortes amarras. Julgava que ela me pertencia tanto quanto o cavalo branco que, em noite de lua cheia, galopa rumo ao cume da montanha, à espera de que a lança se solte das mãos de São Jorge.

Desde aquele dia, deixei de encarar as alianças como algemas. Entrecruzadas, revelaram-se símbolos de infinito.

Agora, já não ofereço o meu coração a Maria. Sei bem que o dela é meu e o meu é dela. Mas não somos uma única pessoa. O que ela é nunca vou saber de todo, pois todas as vezes que os meus olhos se abrem em núpcias, Maria se apresenta vestida de mistério.

QUERIDA LIBERDADE

O SEU DIA UNIVERSAL, ó LIBERDADE, COINCIDE COM A DATA DA Revolução Francesa, que hasteou a bandeira das três filhas da Utopia: Igualdade, Liberdade e Fraternidade.

Que família! A Igualdade está longe de alcançar a maioridade. Você bem sabe que esta sua irmã anda distante das condições sociais de nosso mundo. Basta lembrar que dos 7,8 bilhões de habitantes do planeta metade vive abaixo da linha da pobreza.

A Fraternidade também não tem estado muito presente entre nós. Hoje, fala-se mais em competitividade que em solidariedade. Porém muitos tecem laços fraternos entre a família humana através do voluntariado, da responsabilidade social, das religiões, do serviço amoroso ao próximo.

Você, entretanto, querida Liberdade, está mais na boca do povo que juiz de futebol em tempos de Copa e, no entanto, como tem sido deturpada e violentada! Uns a confundem com liberalismo; outros, em seu nome, suprimem a liberdade alheia; e há ainda os que se julgam seus donos e fazem de você um pretexto para abusos.

Jesus diz no evangelho de João que "a verdade vos fará livres" (8, 32). Sem transparência fica difícil enxergar, querida Liberdade, que o seu par é o Amor, e desta união nasce a capacidade de jamais fazer da diferença divergência.

O ESPÍRITO CAPITALISTA

O SISTEMA CAPITALISTA, QUE DEITA RAÍZES NO COLAPSO DA SOCIE-
dade feudal e no advento da manufatura, alavancou-se com o
desenrolar da Revolução Industrial, no século XIX. Expandiu-se,
acelerou a pesquisa científica e o progresso técnico. Aumentou a
produção de bens e agravou a desigualdade de sua distribuição. De
seu ventre contraditório surgiu o socialismo, que aprimorou a distribuição sem conseguir desenvolver a produção. A onda neoliberal
derrubou o socialismo europeu qual um castelo de areia.

Hoje, o capitalismo é vitorioso em nações da Ásia (China,
Japão e Coreia do Sul), da União Europeia e da América do Norte
(excluindo o México). No resto do mundo, deixa um lastro de miséria e pobreza, conflitos e mortes. Salvam-se as elites que, em seus
respectivos países, gerenciam os negócios segundo o velho receituário
colonial, agora prescrito pelo FMI: tudo para o benefício da metrópole.

Em plena globocolonização, o capitalismo é também vitorioso
em corações e mentes. Mas não em todos. Há ricos, remediados e
pobres que não possuem o espírito capitalista. São pessoas generosas,
altruístas, capazes de se debruçar perante o sofrimento alheio e de
estender a mão em solidariedade a causas coletivas.

A tendência do espírito capitalista, porém, é aguçar o nosso
egoísmo; dilatar nossas ambições de consumo; ativar nossas energias
narcísicas; tornar-nos competitivos e sedentos de lucro. Criar pessoas
menos solidárias, mais insensíveis às questões sociais e ambientais,
indiferentes à miséria, alheias ao drama de indígenas e de negros,
distantes de iniciativas que visam defender os direitos dos pobres.
Moldar esse estranho ser que aceita, sem dor, a desigualdade social

e o desequilíbrio ambiental; assume a cultura da glamorização do fútil; diverte-se com entretenimentos que ridicularizam as pessoas humildes e a mulher, como fazem certos programas de humor na tevê.

O capitalismo promove, em nossa consciência, tamanha inversão de valores que defeitos qualificados pelo cristianismo de "pecados capitais" são tidos como virtudes: a avareza, o orgulho, a luxúria, a inveja e a cobiça.

O capitalismo é irmão gêmeo do individualismo. Ao exaltar como valores a competição, a riqueza pessoal, o acúmulo de posses, esse sistema interioriza em muitas pessoas ambições que as afastam do esforço coletivo de conquista de direitos, para mergulhá-las na ilusão egoísta de que, um dia, também elas, como alpinistas sociais, galgarão o pico da fortuna e do sucesso.

A magia capitalista dissolve, pelo calor de sua sedução, todo conceito gregário, como nação ou povo. O que há são indivíduos fragmentados, premiados pela loteria biológica por não terem nascido entre a pobreza ou pela roda da fortuna, que os fez ascender miraculosamente ao universo em que os sofrimentos morais são camuflados sob o brilho da opulência.

O espírito capitalista não faz distinção de classe: inocula-se no favelado e na empregada doméstica, no camponês e no motorista de táxi. E em ricos, remediados e pobres induz à apropriação privada não apenas de bens materiais, mas também de bens simbólicos: oro para alívio dos *meus* problemas e para a cura de *minhas* doenças; voto no candidato que melhor corresponde às *minhas* ambições; adoto um comportamento que realça a *minha* figura e o *meu* prestígio.

Esse espectro de ser humano não conhece a cooperação e a gratuidade; considera a generosidade uma humilhação; encara a pobreza insubmissa como caso de polícia; faz da função de mando uma segunda pele; trata os subalternos com desdém. O mundo se centra em seu umbigo. Ainda que não tape as orelhas ao ouvir falar em "amor ao próximo", se faz próximo do outro quando seus interesses e ambições estão em jogo, mas prefere manter distância se este sofre, decai socialmente ou mergulha em fracasso. Seu espelho é o da bruxa que indaga: "Há alguém tão bem-sucedido como eu?".

Se a resposta é afirmativa, então quer conhecê-lo, adulá-lo, idola-trá-lo, tocá-lo, como a um ícone religioso do qual se espera graças e proveitos.

Capitalista não é apenas o banqueiro, o tio Patinhas. É também o Donald, que o inveja e se submete a seus caprichos. O mundo é, para ele, um jogo de espelhos, no qual se vê projetado nas mais variadas dimensões. Ele inveja os que estão acima dele e nutre ódio pelos concorrentes que o ameaçam. Quando se faz religioso é para ganhar o Céu, já que a Terra lhe pertence. Dá esmolas, jamais direitos; acende velas, nunca esperanças; prega a mudança de coração, não da sociedade; é capaz de reconhecer Cristo na eucaristia, nunca no rosto de quem padece de fome, não tem terra ou teto.

Horroriza-nos pensar que outrora a sociedade praticou o ca-nibalismo. Quem sabe alimentar-se com a carne do semelhante em vez de entregá-la ao repasto dos vermes, seja mais saudável e ético do que, hoje, excluí-lo do direito de simplesmente ser humano.

O INVEJOSO

Tomás de Aquino define a inveja como "a tristeza por não possuir o bem alheio". Invejam-se a cor dos olhos, o tom de voz, a erudição, os títulos, o cargo, a riqueza ou as viagens de outrem. "Onde há inveja, não há amizade", alertava Camões.

O invejoso é um derrotado. Perdeu a autoestima. Lamenta, no íntimo, ser quem é e nutre a fantasia de que poderia ter sido outra pessoa. O inimigo do invejoso é ele próprio. Desprovida de sentido, sua existência ancora-se em bens materiais que não estão ao alcance de suas posses ou em bens espirituais que transcendem seu talento.

Para o invejoso, o valor não reside neste admirável fenômeno de ser uma pessoa, mas na mercadoria que a reveste. Vale mais quem possui mais. Vale, sobretudo, quem vive o que o invejoso gostaria de viver.

Nutre-se o invejoso de fantasias a respeito dos outros e de si mesmo. Como diz a canção de Chico Buarque, "todo mundo tem pereba ou um dente cariado, só a bailarina que não tem". Crianças de minha geração tiveram a primeira visão da beleza e da agilidade dos corpos no circo. Trapezistas e bailarinas desafiavam a lei da gravidade. Aquelas mulheres eram perfeitas. Não tinham um irmão zarolho, nem remela, nem dor de dente.

A inveja é a tristeza de ser o que se é. A advogada sonha que poderia ter sido atriz, o engenheiro imagina-se no lugar do empresário, o rapaz chora por não pilotar um carro da Fórmula 1. Mal sabem que o invejado também sofre de invejas, pois o desejo é insaciável. Centrado nos bens objetivos, escraviza o ser humano.

Quem prioriza os valores da subjetividade, liberta-se da inveja. Ao voltar-se para a oração, encontra no âmago de si Aqueloutro que sacia e plenifica o desejo.

A inveja é um jogo de espelhos que se reflete na mente do invejoso. Quem gosta de si não sente inveja. Não se compara. Sabe que ninguém é melhor do que o outro. Há singularidades. E que a felicidade reside em ser do tamanho que se é, nem maior, nem menor.

Lady Diana era invejada. Bela, de olhos azuis, princesa, livre, repleta de compaixão para com os pobres, ousara renunciar à sua posição na nobreza para buscar o amor. De repente, morreu. O impacto em muitas fantasias foi mais forte que o do carro que a transportava no túnel da ponte de l'Alma, em Paris. Porque ninguém inveja a morte alheia. Como dizia Sartre, nada mais solitário que morrer.

A fé cristã imprime à morte de Jesus caráter expiatório, mas não o livra deste fim. Livra, porém, a morte da morte, abrindo uma saída pela qual os mortos recobram a vida: a ressurreição.

Diana equipara-se a nós ao morrer. O conto de fadas não teve o seu *happy end*. Ela morreu da maneira como muitos morrem. Não foi "feliz para sempre", como tentam nos convencer as narrativas de Andersen e dos irmãos Grimm.

O invejoso mendiga elogios e é incapaz de ressaltar os méritos alheios, exceto os de quem ele inveja. De alguma forma, busca pegar carona no invejado. Veste-se como ele, frequenta os mesmos lugares, procura estar o mais próximo dele.

O grau de inveja depende da educação que se teve. Pais que escondem dos filhos sua real situação financeira e favorecem neles as fantasias de possuírem mais do que têm, ajudam a formar invejosos. A inveja tem seus modismos. Hoje, crianças invejam aquelas que já viajaram à Disney, assim como executivos invejam quem tem um carro Jaguar.

A publicidade suscita invejas. Veja como são felizes crianças que bebem refrigerantes e moças que usam tal perfume! Os produtos associam-se a bens imateriais que muitos perseguem: sucesso, prazer, poder de sedução, riqueza, projeção etc. Ao adquirir um produto, o consumidor ganha de brinde a fantasia de que leva junto o bem cobiçado. Eis a felicidade virtual, como a da mulher que, na festa, julga-se a mais bem-vestida ao lado de inúmeras mulheres igualmente convencidas de sua própria proeminência.

Só quem se gosta não tem inveja. É capaz, portanto, de reconhecer e aplaudir o sucesso alheio. Faz sua a alegria do outro.

VAIDADE DAS VAIDADES

"Vaidade das vaidades, tudo é vaidade!", denuncia Coélet, sábio autor do Eclesiastes (1, 2). É vaidade a pretensão de engarrafar a história nesses breves anos de vida, como é vaidade acreditar que não somos vaidosos.

A vaidade é a embriaguez do espírito. Conturba a alma, obscurece a visão, desequilibra os passos. Seduzidos por seus encantos artificiais, cremos ser maiores que a nossa estatura e mais lúcidos que a nossa parca inteligência. Luxuriosa, a vaidade é uma velha dama que, com tantas rugas, julga-se muito jovem. Seus sonhos voam acima das nuvens e adornos a ofuscam de modo a esconder sua verdadeira face.

O vaidoso é o espelho de si mesmo. Morde ávido a maçã do Paraíso, convicto de que só ele domina as ciências do Bem e do Mal. Como Lúcifer, busca o próprio brilho, maquina intenções demoníacas e espeta com o garfo qualquer um que ameace fazer-lhe sombra. Filho do tempo, o vaidoso julga-se eterno; frágil em suas emoções, impõe com dureza sua vontade; inseguro em seus passos, pisa o jardim alheio com botas de gigante.

A vaidade extrai dor de um fio de cabelo desalinhado; desespero de um olhar sonegado; ódio de um risco no espelho no qual se mira. Ao contrário de Narciso, o vaidoso não se indaga sobre sua beleza. Ele tem certeza. Mas jamais dispensa o olhar alheio. Considera-se princípio e fim, alfa e ômega, como se o mundo fosse ficar muito pior sem a sua presença. Por isso, apega-se ao poder e ao prestígio como a casca à sua árvore. Cuida de sua imagem com a mesma devoção que os fiéis moldam seus santos.

Tudo é vaidade. A vaidade de não ter vaidade e a vaidade de tê-la em dose certa. É vaidade o amor enciumado com a felicidade do amado e o sofrimento diante da perda do supérfluo. Vaidosos os que falam em demasia e os que jamais ouvem; os que ostentam seus bens e os que sonegam seus dons; os que cavalgam o próprio ego e os que se julgam exemplos para os demais.

Vaidosos os cristãos que se acham santos e os ateus que se consideram deuses. Vaidosas as mulheres que, de tão velhas por dentro, consagram seu tempo a se perpetuarem novas por fora e os homens que fazem da competição uma lei e uma lógica.

A vaidade reduz a memória, reflui a inteligência e empobrece o espírito. Cortesã, introduz em sua casa o oportunismo e a conveniência, e expulsa os princípios e os valores. Jamais suporta críticas e a morte lhe parece mais favorável que uma derrota.

Não é pelo dinheiro e sim pela vaidade que se inocula o vírus da corrupção. O vaidoso atribui-se méritos e qualidades que, embora possam ser reais, tornam-se superlativos em sua cabeça. Outrora, os vaidosos cunhavam seus epitáfios. Hoje, esculpem a vã pretensão de se tornarem imortais.

Vaidade das vaidades, quase todos somos vaidosos. Exceto aqueles que, coração contrito, deixam-se habitar por um Outro que os conduz pelas inefáveis veredas que, escuras aos olhos e inapreensíveis à razão, levam à plenitude da luz. Nonada, reza Guimarães Rosa.

CARTOGRAFIA DO CORPO

O CORPO HUMANO É UMA REDESCOBERTA RECENTE. EM CULTURAS que precedem o século xx, o corpo era camuflado por roupa, moralismo e religião. Exceções feitas às culturas indígenas, que ainda hoje imprimem respeitosa visibilidade ao corpo, e também à cultura greco-romana, isenta de moralismo antes do advento do cristianismo, como o descreve Marguerite Yourcenar no romance *Memórias de Adriano*.

A tradição bíblica não separava corpo e espírito. A cultura ocidental, marcada pela filosofia de Platão, cinde o ser humano em dois polos antagônicos. Corpo e espírito são inimigos. E há que escolher um. Os devassos escolhem o corpo, destinado às chamas do inferno. Os santos, o espírito, elevado aos Céus…

Freud e a física quântica são contemporâneos. Ensinaram-nos que o corpo não existe como mero receptáculo da alma. Tudo está intrinsecamente ligado. Somos todos montanhas de átomos, base de nossas células, nos quais há mais espaços vazios que substância material. Nossa "alma" está tanto na unha cortada como no fio de cabelo.

O século xx desnudou o corpo, embora tenha sido exaltado desde o Renascimento, como exemplifica a pintura de Michelangelo, *A criação de Adão*, no teto da Capela Sistina.

Agora, apropriado pelo capitalismo, o corpo é uma mercadoria submetida à ditatorial cartografia. Sofre quem não tem o corpo adequado ao molde exposto em capas de revistas, campanha publicitárias, filmes, fotos e novelas.

Uma poderosa indústria, que se estende de academias de ginástica ao oferecimento de medicamentos e de dietas miraculosos, fomenta a visibilidade do corpo ideal e penaliza os que não se enquadram no modelo padrão.

Não se trata apenas de uma estética imposta a ferro e fogo, e que induz à depressão a quem dela destoa. Trata-se também de uma inversão do pensamento de Platão. Agora o corpo se salva e o espírito desce aos infernos. Entre ser belo ou burro, a opção é óbvia.

Quem dera nossas cidades tivessem tantas livrarias e bibliotecas como academias de ginástica! Essa exacerbação física aprofunda a cisão entre espírito e corpo. O desempenho sexual torna-se mais importante que a densidade amorosa. A velhice assumida é socialmente execrada. O excesso de peso, ridicularizado.

O corpo, apropriado pelo sistema, já não nos pertence. O mercado determina qual é o corpo socialmente apreciado e qual é o excluído e, portanto, condenado ao banimento e à tortura psicológica.

Já não somos o nosso corpo. Somos a encarnação do corpo sacramentado pelo sistema, impelidos a jejuar, malhar bastante, submeter-nos à cirurgia plástica. Nada de nos apresentar sem o corpo-senha que abre as portas do mundo encantado da jovial esbelteza, no qual nossa forma física deve suscitar admiração e inveja.

Convém manter a boca fechada, não apenas para evitar engordar. Também para que não descubram que somos desnutridos de ideais, valores e espiritualidade. Estamos condenados a ser apenas um pedaço de carne ambulante.

BARCELONA, MADRI, PARIS

Barcelona

No sábado, 14 de maio de 1989, em busca de uma peça para o meu computador, andei pelas *ramblas* de Barcelona e revisitei a parte velha da cidade, onde fica a catedral, com suas ruas estreitas e balcões floridos; as *marisquerías*, padarias e confeitarias; as lojas de velas em diferentes cores e formatos; as obras de Gaudí; o Museu Picasso, com a história da criatividade do pintor, e a brincadeira com *Las meninas*, de Velázquez. A maioria das telas está dedicada ao amigo Jaume Sabartès.

Barcelona exerce sobre mim o mesmo fascínio que o Rio, Ouro Preto, Praga e Paraty. O Rio me traz o sabor da infância; o gosto azul e salgado do mar; o horizonte dando as costas para as montanhas; o *savoir-vivre* do carioca, como se dominasse o tempo. Sempre lutei contra o tempo, seguramente meu maior inimigo. No entanto, ele me arrasta implacável. Como quem constrói uma ponte indiferente ao curso das águas, só consegui dominá-lo na oração, no ato criativo e na prisão. Foram momentos em que senti, em vida, o gosto inefável da eternidade. De resto, o tempo me consome, comprometendo até mesmo a minha saúde. Tento, de todas as maneiras, acompanhar o seu ritmo alucinado, através de uma virginiana pontualidade nos compromissos. Entretanto, invejo aqueles que ousam ser impontuais e chegam atrasados sem o menor escrúpulo, como se tempo e pessoas esperassem por eles.

Mas nada interessa tanto quanto o tempo interior, que se dilata indefinidamente no ato criativo e na oração. O amor, sobretudo, é exigência de supressão do tempo — eternidade, eterna idade, terna idade, éter, é...

A capital catalã, cujo centro é menos afetado pela especulação imobiliária, é mais primorosa que Madri. *Las ramblas* guardam o espaço dos pedestres, quais heroicos monumentos de resistência ao império dos automóveis. Ali, a vida diminui de ritmo, humaniza-se entre flores e revistas, livre do ruído dos motores e da queima do petróleo.

Madri

Madri parece-me uma cidade sem encanto. Buliçosa, esconde em vielas e travessas suas atrações: o bater cadenciado da dança flamenga e, sobre a mesa, uma perna de cordeiro assado, acompanhada de uma garrafa de vinho Diamante Dulce. Lá fora, sob a luz ardente que inunda as largas avenidas, toda a cidade transmuta-se em uma imensa praça de touros (no entanto, todos são novilhos espetados, entregues à ânsia de ascensão numa economia sempre ameaçada pela ferocidade do touro estadunidense). Velha rabugenta convencida de sua jovem beleza, Madri tenta resistir.

Há oásis ao longo daqueles *paseos* e avenidas. O Museu do Prado é uma tímida amostra, comparado à magnitude do Louvre ou do Hermitage. Mas quantas galerias do Louvre valem a grandeza estética de *Guernica*, hoje no museu Reina Sofía? Ou quantas obras do museu de São Petersburgo são plenas de genialidade como *Las meninas*, de Velázquez?

Guernica é a história em close. Uma única cidade, um único dia, um único ato, e toda a dor do mundo. A tragédia emerge da prepotência nazifascista, prenunciando longos anos de guerra, e o artista, refugiado em seu atelier de "La Californie", em Cannes, tomou em mãos seus pincéis tão logo soube que a aviação alemã, a pedido de Franco, bombardeou Guernica, a 26 de abril de 1937.

Talvez tenha sido mera coincidência o fato de Picasso iniciar os esboços quatro dias depois, a 1º de maio, Dia dos Trabalhadores. Mesmo porque seu ingresso no Partido Comunista Francês dar-se--ia ao final da guerra. Mas, naquele maio de 1937, ele mergulhou frenético na busca de como figurar, de modo expressivo, trágico, definitivo, toda a indignação que brota inelutável das entranhas dos que se sentem solidários às vítimas do terror. O pescoço do cavalo ergue-se como o mastro de uma bandeira; a boca escancara-se seca, exibindo a dor dilacerante de um animal ferido de morte, cuja língua afiada, qual ponta de espada, reproduz-se em todas as bocas pintadas pelo toureiro Picasso, que, impávido, enfia suas lanças no dorso de um regime inumano. Na grande tela final de *Guernica* não aparece o coito agressivo do cavalo com a mulher, registrado nos esboços. Porém, um longo braço feminino irrompe pela janela, erguendo diogenesianamente a lamparina, em busca de consolo para os seios vazios de mães que exibem nos braços o cadáver prematuro de seus filhos. *Guernica*, como a dor, não tem senão branco e preto, em diferentes tons.

Uma tela e, nela, toda a face mórbida da história. Guernica é Lídice, Hiroshima, Nagasaki e Hanói. A arte não evita a guerra, mas consegue pronunciar o veredito que traça a fronteira entre a justiça e o terror. Ela não é apenas o pão estético de que tanto necessitamos para aprender a detectar as nuances da vida e do amor; é também alimento ético que aprimora nosso senso de justiça e verdade.

Las meninas, de Velázquez, rompe os limites da arte e funde obra e autor em um jogo de espelhos que revela todas as faces da imagem projetada. Velázquez fita Velázquez, que olha os reis mirando a infanta Margarida Maria, sob o olhar complacente de toda a corte: a Igreja, os servos, os nobres, a figura que aparece ao fundo, o artista, e até o cão, que se dá o direito de ignorar as reverências monárquicas. Essa irreverência Picasso transporta magistralmente para a sua versão de *Las meninas*, pintada em Cannes em 1957, também em preto e branco e, hoje, exposta no Museu Picasso de Barcelona.

Paris

Ao som ininterrupto do acordeão da rádio Montmartre, a vegetação farta de Paris em maio era banhada pelo sol quente, e uma bruma transparente coroava a catedral de Notre-Dame ao entardecer de terça 17 de maio de 1989. Havia luz até nove da noite. Toda Paris encontrava-se engalanada para os festejos de comemoração do bicentenário da Revolução. Sem que Robespierre tivesse sido resgatado do limbo a que foi condenado pelo liberalismo francês. Até hoje não há na capital francesa uma única rua com o seu nome, embora a nobreza e Napoleão continuem a desfrutar de honras imerecidas.

Para muitos, a cozinha francesa é imbatível. Fico com a opinião de minha mãe: predominam bons molhos encobrindo pequenas porções, a preços exorbitantes. E, no frigir dos ovos, o que vem no prato nem exigiu muito esmero no preparo. Um rosbife ao ponto, meia dúzia de vagens, um leque de batatas fritas e muita manteiga — eis um *boeuf à la sauce béarnaise*. A cozinha francesa criou fama e deitou na mesa. Mas os vinhos são sublimes.

No Louvre, intrigam-me a pirâmide modernosa destoando do conjunto arquitetônico, e o arco de 180 graus nos olhos da *Gioconda* (agora condenada a um cárcere de vidro, protegida da voracidade dos tomadores de fotos que, apesar da proibição, continuam clicando suas câmeras digitais). Ganha-se em segurança, perde-se na possibilidade de apreciar melhor como Leonardo da Vinci introduziu o close na pintura renascentista, eliminando o cenário e exaltando o rosto. Contemplo de novo a sensualidade da *Vênus de Milo* — presente de um marquês a Luís XVIII. Fascina-me particularmente a perfeição do colo e do umbigo. A escultura precede, na forma, ao período helenístico clássico. Em homenagem ao bicentenário da Revolução, dei uma olhada na famosa tela de Delacroix, *A liberdade guiando o povo*, com a mulher de seios de fora, altiva, erguendo a bandeira francesa. O público demonstrava pouco interesse pela grandiosa tela. Nos subterrâneos do Louvre, percorri artes grega, bizantina, assíria e egípcia, cujas peças expostas eram, quase todas, produto de saques colonialistas perpetrados em nome da cultura.

Paris em junho inaugura o verão. A vegetação ressurge viçosa e as flores despontam policrômicas nos jardins bem cuidados. Os amantes se acariciam na relva do Bois de Boulogne ou na grama da Champs-Élysées. Andei por toda parte à procura dos três volumes da correspondência de Stendhal. Nem na Gallimard, que o editou, foram encontrados. Também não achei um caderno espiral pautado. Todos são quadriculados. O metrô, sujíssimo, levou-me ao balé de Maurice Béjart em homenagem ao bicentenário. Em Bercy, no Palais de Omnisports, desfrutei de uma montagem de *Carmen*, de Bizet, dirigida por Pier Luigi Pizzi e protagonizada por Teresa Berganza, com mais de trezentos atores.

Retornei ao Museu Picasso, desta vez de Paris, para apreciar as telas cubistas em torno da guitarra.

FRANCISCO, O SANTO E O RIO

Meu São Francisco corre de Assis ao Brasil e derrama lágrimas de exaltação no coração do meu país, abrindo o veio de águas que une o Sudeste ao Nordeste, como quem homenageia a senhora natureza com um colar de prata. Santo e rio, criaturas de Deus, irmanam-se na mesma fonte da Serra da Canastra, cujo cálice se derrama no leito que acolhe pescadores e viajantes, autoridades e fugitivos, cercado pela exuberância das matas, berço ecológico que engendra a vida em todas as suas formas e espécies.

Meu São Francisco, mensageiro da paz, leva por suas águas a notícia de quem nasce e de quem morre, do casamento de um par de ribeirinhos e da tristeza inconsolável da noiva abandonada por quem lhe prometera o coração e partiu sem sequer lhe estender a mão.

Benditas as suas águas, meu santo rio, agora degradado pela poluição, pelo lixo que as embarcações deixam em seu rastro, pelos esgotos que se mesclam ao seu leito, envenenando os peixes.

São Francisco de Assis abençoe o nosso rio, revitalize as suas águas, preserve as suas matas ribeirinhas, multiplique os seus peixes, suscite vida em suas cabeceiras, nutra com o alimento de seu ventre as populações que habitam em suas margens.

Seu espírito ecológico, meu santo de Assis, impregne este rio batizado com o seu nome. Hoje, o Velho Chico agoniza sob o desinteresse do poder público, asfixiado pelos bancos de areia que estreitam as passagens, como se a morte cobrisse o seu percurso.

Só um milagre, meu querido santo, pode salvar a nossa consciência ante este rio que costura o Brasil, de modo que a fartura dessas águas reviva na multiplicação infindável dos peixes e na ressurreição da biodiversidade que outrora enriquecia as suas margens.

Amém.

SER MINEIRO

COMO TODO MINEIRO É UM POUCO FILÓSOFO, HÁ UM MISTÉRIO sobre o qual medito há anos: o que é ser mineiro?

De reflexões e inflexões que extraí sobre a mineirice — muitas delas colhidas de metafísicas inscrições em rótulos de cachaça e quinquilharias de beira de estrada —, eis as conclusões a que cheguei:

Mineiro a gente não entende — interpreta.

Ser mineiro é dormir no chão para não cair da cama; usar sapatos de borracha para não dar esmola a cego; tomar café ralo e esconder dinheiro grosso; pedir emprestado para disfarçar a fartura. É desconfiar até dos próprios pensamentos e não dar adeus para evitar abrir a mão.

Mineiro não é contra nem a favor; antes, pelo contrário. Fala de desgraça, doença e morte, e vive como quem se julga eterno. Chega na estação antes de colocarem os trilhos, para não perder o trem. E, na hora do embarque, grita para a mulher que carrega a sua mala: "Corre com os trens que a coisa já chegou!".

Mineiro, quando viaja, leva de tudo, até água pra beber. E um coração carregado de saudades.

Relógio de mineiro é enfeite. Pontual para chegar, o mineiro nunca tem hora para sair. A diferença entre o suíço e o mineiro é que o primeiro chega na hora. O mineiro chega antes.

O bom mineiro não laça boi com embira, não dá rasteira em pé de vento, não pisa no escuro, não anda no molhado, só acredita em fumaça quando vê fogo, não estica conversa com estranhos, só arrisca quando tem certeza e não troca um pássaro na mão por dois voando.

Ser mineiro é sorrir sem mostrar os dentes, ter a esperteza das serpentes e fingir a simplicidade das pombas, fazer de conta que acredita nas autoridades e conspirar contra o governo.

Mineiro foge da luz do sol por suspeitar da própria sombra, vive entre montanhas e sonha com o mar, viaja o mundo para comer, do outro lado do planeta, um tutu de feijão com couve picada.

Mineiro sai de Minas sem que Minas saia dele. Fica uma saudade forte, funda, farta e fértil.

Ser mineiro é venerar o passado como relíquia e falar do futuro como utopia, curtir saudade na cachaça e paixão em serenatas, dormir com um olho fechado e outro aberto, suscitar intrigas com tranquilidade de espírito, acender vela à santa e, por via das dúvidas, não conjurar o diabo.

Mineiro fala de política como se só ele entendesse do assunto, faz oposição sem granjear inimigos, gera filhos para virar compadre de político. Ser mineiro é fazer a pergunta já sabendo a resposta, ter orgulho de ser humilde, bancar a raposa e ainda insistir em tomar conta do galinheiro.

Mineiro fica em cima do muro não por imparcialidade, mas para poder ver melhor os dois lados.

Cabeça-dura, o mineiro tem o coração mole. Acredita mais no fascínio da simpatia que no poder das ideias. Fala manso para quebrar as resistências do adversário.

Mineiro é isso, sô! Come as sílabas para não morrer pela boca. Faz economia de palavras para não gastar saliva. Fala manso para quebrar as resistências do interlocutor. Sonega letras para economizar palavras. De vossa mercê, passa pra vossemecê, vossência, vosmecê, você, ocê, cê e, não demora muito, usará só o acento circunflexo!

Mineiro fala um dialeto que só outro mineiro entende, como aquele sujeito que, à beira do fogão a lenha, ensinava o outro a fazer café. Fervida a água, o aprendiz indagou: "Pó pô pó?". E o outro respondeu: "Pó pô, pô".

Mineiro não fica louco; piora. Por isso, em Minas não se diz que alguém endoidou, mas sim que "se manifestou...".

Ser mineiro é comer goiabada de Ponte Nova, doce de leite de Viçosa, queijo do Serro, requeijão de Teófilo Otoni e linguiça de Formiga, tudo regado a pinga de Salinas.

É cozinhar em panela de pedra-sabão.

Mineiro não tem ideias, só lembranças; não raciocina, associa; cabeça-dura, tem o coração mole; pensa que esposa é parente, filho, empregado e carrega sobrenome como título de nobreza.

Ser mineiro é acreditar mais no fascínio da simpatia que no poder das ideias. É navegar em montanhas e saber criar bois, filhos e versos.

Mineiro vai ao teatro não pra ver, mas pra ser visto; frequenta igreja para fingir piedade; ri antes de contar a piada; e chora com a desgraça alheia. Adora sala de visitas trancada, na esperança de retorno do rei.

Avarento, não lê o jornal de uma só vez para não gastar as letras, e ainda guarda para o dia seguinte para poder ter notícias. Aliás, mineiro não lê, passa os olhos. Não fala ao telefone, dá recado.

Praia de mineiro é barzinho e sua sala de visitas, balcão de armazém e cerca de curral. Ali a língua rola solta na conversa mole, como se o tempo fosse eterno. Certo mesmo é que o momento é terno.

Ser mineiro é ajoelhar na igreja para ver melhor as pernas da viúva, frequentar batizado para pedir votos, ir a casamentos para exibir roupa nova.

Mineiro que não reza não se preza. Acende a Deus a vela comprada do diabo. Religioso, na sua crendice há lugar para todos: o Cujo e a mula sem cabeça; assombrações e fantasmas; duendes e extraterrestres.

Mineiro vai a enterro para conferir quem continua vivo. Nunca sabe o que dizer aos parentes do falecido, mas fica horas na fila de cumprimentos para marcar presença. Leva lenço no bolso para o caso de ter de enxugar as lágrimas da família.

Não manda flores porque desconfia que a flora embolsa a grana e não cumpre o trato.

Mineiro só elogia quando o outro virou defunto. E fala mal de vivo convencido de que está fazendo o bem.

Ser mineiro é esbanjar tolerância para mendigar afeto, proferir definições sem se definir, contar *causos* sem falar de si próprio, fazer perguntas já sabendo as respostas.

Mineiro é capaz de falar horas seguidas sem dizer nada. E cumprimenta com mão mole para escapar do aperto.

Mineiro é feito pedra preciosa: visto sem atenção não revela o valor que tem, pois esconde o jogo para ganhar a partida, e acredita que a fruta do vizinho é sempre mais gostosa.

Mineiro se veste com a simplicidade das pombas, e encobre as contradições com o manto fictício da cordialidade. Mas conta fora tudo que se passa em casa.

Ser mineiro é fazer cara feia e rir com o coração, andar com guarda-chuva para disfarçar a bengala, fingir que não sabe o que bem conhece, fumar cigarro de palha para espantar mosquitos, mascar fumo para amaciar a dentadura.

Mineiro sabe quantas pernas tem a cobra, escova os dentes do alho, teme rasteira de pé de mesa e, por via das dúvidas, põe água e alpiste para o cuco.

Mineiro é pão-duro, não abre a mão nem pra dar bom-dia. Desconfiado, retira o dinheiro do banco, conta e torna a depositar. Vive pobre para morrer rico.

Mineiro rico compra carro do ano e manda pôr meia-sola em sapato usado. Viaja ao exterior e não dá esmola a pobre. Fica sócio de clube para ter status.

Pacífico, mineiro dá um boi para não entrar na briga e a boiada para continuar fora. Mas, se pisam no calo do mineiro, ele conjura e te esconjura, jurado e juramentado no sangue de Tiradentes.

Mineiro é como angu, só fica no ponto quando se mexe com ele.

Em Minas, o juiz é de fora, o mar é de Espanha, os montes são claros, a flor é viçosa, a ponte é nova, o ouro é preto, é belo o horizonte, o pouso é alegre, as dores são de indaiá e os poços de caldas.

"Minas Gerais é muitas", disse Guimarães Rosa. É fogão a lenha, turmalina e esmeralda, tropa de burro e rios indolentes chorando a caminho do mar, sino de igreja e tropeiros mourejando gado sob a tarde incendiada pelo hálito da noite.

Minas é Mantiqueira e serrado, Aleijadinho e Amílcar de Castro, Drummond e Milton Nascimento, pão de queijo e broa de fubá.

Minas é uma mulher de ancas firmes e seios fartos, sensual nas curvas, dócil no trato, barroca no estilo e envolta em brocados, ostentando camafeus.

Minas é saborosamente mágica.

Ave, Minas! Batizada Gerais, és uma terra muito singular.

MENINA NA MISSA

ANA TINHA CINCO ANOS. EMBORA BATIZADA NA IGREJA CATÓLICA, não recebera da família suficiente educação religiosa. A escola em que estudava, no Rio, completou vinte anos e decidiu comemorar a data com a celebração de missa solene. A diretora, muito religiosa, explicou às crianças que a igreja é a casa de Deus, habitada pelos anjos, e elas assistiriam, lá, à santa ceia.

Dotada de imaginação fértil, como toda criança que, nessa idade, ainda não se deixou hipnotizar pela tevê, babá eletrônica, Ana chegou em casa excitadíssima. Contou aos pais que iria lanchar na casa de Deus. O passeio seria uma maravilha, pois veriam anjos voando pelo teto e poderiam conversar com eles e com Deus. A mãe ponderou que a coisa não era bem assim, mas a menina já tinha fabricado o Paraíso em sua mente.

No dia marcado, a mãe levou Ana à igreja. Um templo que, por fora, assemelha-se a um caixote de cimento e, por dentro, uma mescla de estilos, como se tivesse sido construída com a sucata de velhas capelas. Um lugar que a mãe considerou frio e feio, cercado de mosaicos feitos com azulejos de cozinha e imagens de santos adquiridas no camelô da esquina. Nos nichos laterais, o Cristo supliciado, em tamanho natural, exibia chagas sangrentas e hematomas arroxeados.

Ao entrar, Ana mirou tudo de soslaio, desconfiada, enquanto a professora conduzia a turma à primeira fila de bancos. Quase cem crianças, de três a cinco anos, receberam ordens de permanecer caladas. A casa de Deus exige respeito.

O padre iniciou a missa, fez sermão, abriu a palavra a adultos presentes, sem nenhuma sintonia com a meninada. Para Ana, a missa não passou de um senta-levanta-ajoelha e muita falação. Ao fim de uma hora, ela pôde se juntar à mãe. Estava decepcionada e cansada. Na saída do templo, disse:

— Não gostei de Deus!

A mãe, sem graça, reagiu:

— Como pode dizer isso, filha?

— Deus é muito chato — disse a menina. — Ele fala demais!

A mãe explicou que aquele homem não era Deus, era o padre.

— E daí? Foi Deus quem mandou ele falar tudo aquilo! — rebateu a menina.

Muitos olhavam para Ana, cuja voz ressoava acentuada pela acústica do templo. A mãe arrastou-a para um canto, junto à imagem de Jesus crucificado. Ana fitou-a e comentou:

— Ainda por cima ele não tem o menor cuidado com os bonecos dele! Olha aí, estão todos machucados, e Deus não botou nem um esparadrapo!

A mãe puxou a filha iconoclasta para a rua. Em casa, voltou ao tema da missa durante vários dias. O padrinho da menina, um homem religioso, também ajudou.

Um mês depois, Ana manifestou desejo de ir de novo à igreja. Mas frisou:

— Mamãe, eu quero ir a outra igreja, numa que seja bonita.

A mãe concordou e já planejava levá-la à igreja da Glória, quando ela saiu com essa:

— Mas telefona antes. Quero ir numa hora em que Deus não esteja lá.

MEU GENRO

MEU GENRO É UMA EXCRESCÊNCIA FAMILIAR. UM ESTRANHO A quem entreguei a filha educada com tanto esmero e carinho.

Por que considerá-lo um intruso? Ora, não se dá conta de que é apenas o marido da filha. Julga-se membro da família, com profundas raízes na árvore genealógica. Faz questão de ver o seu sobrenome acrescido ao da mulher.

Ao ingressar na minha casa, trata a mulher como se ela fosse sua garçonete. Dá ordens para que o sirva, apanhe o livro na estante, busque a toalha para limpar o suor. Aboleta-se exatamente na poltrona preferida do dono da casa. Ocupa maior espaço que o seu corpo e considera-se o mais simpático e inteligente membro do clã familiar.

É o primeiro a ler o jornal, confundindo cadernos e amarrotando páginas. Entra na cozinha e, sem cerimônia, apanha justamente aquela cerveja que reservei no congelador. Controle remoto à mão, muda o meu canal de tevê preferido para assistir ao filme de terror.

Cara de pau, o genro entra no meu quarto e mexe no armário à procura da tesourinha de cortar unhas. Usa o banheiro e não dá descarga; suja pratos e não lava; deita-se na cama para fazer a sesta, enquanto cochilo no sofá. Se o tempo esfria, toma emprestado o meu agasalho e se esquece de devolvê-lo. Avarento, nem sequer traz um vinho à festa na casa dos pais de sua mulher.

Ao sentar à mesa é o primeiro a servir-se, escalando para o seu prato exatamente aquele bife malpassado que a sogra preparou para o marido. Glutão, come feito um condenado e ainda reclama do tempero. Ao voltar da praia, enche de areia a sala e entope o ralo do banheiro. Se é Natal, presenteia-me com a mesma garrafa de vinho que recebera de mim no aniversário.

Inconfidente, meu genro leva para a casa de seus pais comentários desairosos sobre a família da mulher. Se há uma discussão, fica sempre em oposição a mim e ainda manda a mulher calar a boca quando opina em defesa do pai. Julga-se o melhor contador de piadas da família, esvazia o meu litro de uísque e ainda me toma um empréstimo que nunca é pago.

Meu genro nada entende de ópera, mas opina com autoridade; ignora literatura, mas faz questão de citar o best-seller da semana como um clássico; não gosta de política, mas critica políticos com um ardor que não admite contestação.

Genioso, julga-se gênio. Coberto de dívidas, posa de rei. Se discute com a filha, acha que brigou com toda a família, jurando ser vítima de uma conspiração contra ele. Atrasa quando o espero, tarda a chegar nos aniversários de família ou envia a mulher com uma desculpa esfarrapada para justificar a sua ausência.

Meu genro é um estranho no ninho.

O CHURRASCO

Nada mais atribulado na vida de Atanásio do que aquele churrasco em Curral del Rei. Levantou da cama excitado, disposto a um café da manhã frugal, para deixar o apetite pronto às maminhas, picanhas, linguiças, asas de frango, corações de galinha.

Na hora combinada, despejada a família no local da comilança, teve início a saga carnívora: antes de indagar como vai você, o anfitrião gabou-se de que comprara as melhores carnes, possuía a mais bem-feita churrasqueira, sabia grelhar como ninguém.

Atanásio acreditou. Ao se aproximar da churrasqueira percebeu que o anfitrião ainda nem abrira o saco de carvão. As carnes estavam ali do lado, revestidas de sal grosso, expostas às moscas.

Pouco depois, iniciou-se o ritual. Após muito custo, o carvão foi aceso, a fumaceira envolveu as carnes, entupiu o nariz dos comensais. O anfitrião decidiu assar primeiro linguiças, corações e asas de frango, como se quisesse encher a barriga de todos com tais acepipes e guardar para si as carnes nobres.

Dilatou-se aquele vazio na barriga. As crianças estavam impacientes, já haviam devorado vários sacos de batata frita, e nada de churrasco. O mais novo chorava de fome agarrado às pernas de Atanásio e rejeitou o pão com pasta de atum que a mãe lhe ofereceu. "Ele quer sustança, carne, que ainda não está pronta", comentou Atanásio. A mulher, que não comia carne vermelha, fuzilou-o com aquele olhar de cadê a salada, o peixe, os camarões que você disse que eu poderia comer?

Atanásio bebeu umas tantas caipirinhas, entrou na cerveja, começou a ficar impaciente. O anfitrião, aflito com tantos convidados a se aproximar da churrasqueira para conferir o andar da carruagem, decidiu servir linguiças, asas e corações de galinha. Sem alternativa, Atanásio comeu, percebeu que não estavam no ponto, queimaram um pouco por fora, mas não havia como cuspir; o jeito foi engolir.

Agora, as carnes nobres começaram a suar sobre a trempe. Atanásio postou-se ali do lado, copo de cerveja na mão, como se o seu olhar vigilante pudesse apressar a assadura. O álcool subia-lhe à cabeça e, para segurá-la, encheu o prato de arroz e farofa, fez uma boquinha enquanto aguardava o churrasco.

Finalmente, maminhas e picanhas foram fatiadas e Atanásio, famélico, correu para a fila encabeçada por crianças e adolescentes. Quando chegou a sua vez, serviram-lhe um pedaço bem menor que o esperado; a carne estava esturricada, sem sabor. Ainda assim, empanturrou-se de raiva; raiva de estar ali, de comer tão tarde, de ter no prato uma carne mal cortada e fora do ponto que o agradava.

E o pior é que o anfitrião, feliz com a própria arte, veio perguntar o que ele estava achando e, com aqueles olhos sonolentos de quem sonha com uma boa sesta, Atanásio respondeu está ótimo, nunca comi carne tão saborosa, embrulhando o estômago com a própria mentira.

Passadas umas semanas, Atanásio esqueceu de tudo aquilo e, de novo, aceitou outro convite para comparecer a um churrasco, onde lhe prometeram as melhores carnes.

A BOLSA DA RAINHA

Sempre me intrigou a bolsa da rainha Elizabeth ii. Ao receber os primeiros-ministros, a soberana trazia dependurada, no braço esquerdo, uma bolsa preta.

Você, leitora, me diga: alguma vez, ao receber visita em casa, costuma carregar uma bolsa? Isso seria compreensível se fosse o contrário, a rainha recebida na casa da primeira-ministra.

Ocorre que Elizabeth estava em sua própria casa, o Palácio de Buckingham! Pra que bolsa? Chefes de Estado, reis e rainhas não carregam pastas nem bolsas. Não há foto de Biden, Angela Merkel ou Lula de bolsa ou pasta a tiracolo. A exceção é o papa Francisco, que faz questão de levar em mãos a pasta com os livros que está lendo.

Qual a razão da bolsa da rainha? Aliás, quase sempre preta. E não duvido que seja sempre a mesma. Por que trazê-la consigo? Urgência em caso de necessitar um lencinho? Ora, ela dispõe de centenas de assessoras, e qualquer uma delas pode se postar às costas de Sua Majestade com uma valise contendo tudo que a patroa precisar: lenço, perfume, batom, espelho, escova, caneta, bloco, telefone e mil outros objetos que costumam se embaralhar em bolsas femininas.

Será que a bolsa guarda uma garrafinha de gim? Sua mãe, a rainha Elizabeth, que morreu aos 101 anos, não dispensava uma dose diária da bebida. Ou quem sabe contenha um celular vermelho diretamente conectado com as autoridades de segurança nacional para o caso de o reino sofrer uma invasão...

Imagino que ser rainha é bom por certo tempo. Depois deve se tornar enfadonho viver ao ritmo de tantos salamaleques e submeter-se a tantos protocolos. Quem sabe Elizabeth, ao receber visitas, fica na expectativa de ouvir o convite: "A senhora não prefere que conversemos em um *pub* de Camden Town?". Ela adoraria: "Boa ideia! Vamos. Estou pronta!".

O problema é que ninguém ousa propor isso à soberana. Mesmo assim, ela anda de bolsa na sala de visitas do palácio. A novela monárquica da qual se destaca como principal protagonista é real, no duplo sentido. Por isso, não duvido de que tenha uma ponta de inveja de nós, pobres mortais, que podemos ir e vir com liberdade. E se invejamos uma rainha é porque não sabemos apreciar quanta felicidade há em ser uma pessoa comum.

CHARUTOS, TOQUE DE CLASSE

As campanhas antitabagistas levam os mais endinheirados a migrarem do cigarro para o charuto, que, por não conter substâncias químicas, tem fama de causar menos danos à saúde. Até a cola que recobre a folha de tabaco e lhe serve de capa é de origem vegetal.

Freud morreu de câncer na garganta. Dizem que de tanto fumar charutos, doze por dia, em média. E cometia o grave erro de tragá-los. Charuto não é para ser aspirado, e sim degustado.

Churchill queimava ao menos quinze por dia. Uma antologia do charuto cubano calcula que ele fumou 300 mil ao longo de seus noventa anos. Há inclusive um tipo de charuto que, devido à extensão, merece o seu nome.

John Kennedy também não dispensava o Upmann Petit. Horas antes de assinar o bloqueio a Cuba — decretado ao meio-dia de 7 de fevereiro de 1962 — encarregou seu secretário particular de comprar todos os Upmann Petit encontrados nas tabacarias de Washington. Conseguiu armazenar 1.200 unidades.

Nunca se esclareceu qual a marca do charuto que Bill Clinton envolveu no famoso episódio com Monica Lewinsky... Há quem duvide que o presidente tenha resistido à tentação de recorrer a um *puro habano*.

Devido ao bloqueio imposto à Ilha pelos EUA, os charutos cubanos estão impedidos de entrar no mercado estadunidense, onde são consumidas, anualmente, mais de 300 milhões de unidades feitas à mão, importadas da República Dominicana, da Nicarágua e de Honduras. O número de unidades mecanizadas consumidas nos EUA é assombroso: 9 bilhões por ano.

Los habanos, embora proibidos, chegam aos requintados fumantes de Wall Street e de Hollywood através de uma intricada rede de contrabando.

Na década de 1980, Fidel enviou de presente a Dom Paulo Evaristo Arns, então cardeal de São Paulo, uma caixa com quinhentos charutos. O prelado distribuiu-os em uma reunião do clero paulistano.

Cuba produz o melhor charuto do mundo devido à combinação de solo (qualidade da terra) e clima (umidade). Fabrica milhões de unidades ao ano, totalmente à mão, a maioria das quais é destinada à exportação.

Entre as 27 marcas cubanas, a mais vendida é a Montecristo. Em segundo lugar, aparece a Cohiba, considerada a melhor. Até 1966, quando então chegou ao mercado, era destinada exclusivamente ao consumo de Fidel. O líder revolucionário deixou de fumar em 1985.

No festival do charuto de 2019, promovido em Havana toda última semana de fevereiro, um único Cohiba Grandioso foi arrematado por 6.400 euros! E a caixa, com cinquenta unidades, por 320 mil euros!

Colombo descreve em seu diário que, certa noite, avistou no litoral de Cuba uma fila de indígenas. Todos traziam na boca um rolo de folhas que exalava fumo de um lado e acendia luz do outro…

Os indígenas acreditavam que a saborosa fumaça das folhas de tabaco tinha poderes terapêuticos. A nicotina, o alcaloide presente na folha de tabaco, passou a ser difundida em 1560, quando o então embaixador francês em Portugal, Jean Nicot (daí o vocábulo nicotina), enviou as primeiras sementes de tabaco à rainha Catarina de Médici, no intuito de, graças ao rapé, aliviar-lhe as enxaquecas.

DA ARTE DE USAR ÓCULOS

Óculos são uma coisa engraçada. Sem eles, não vejo tão bem. Com eles, vejo bem melhor. Mas ao ver ou ler, não vejo os meus óculos.

Pensando nisso é que cheguei à conclusão de como se estruturam os preconceitos em nossa cabeça. Eles estão lá, escondidinhos nas dobras do inconsciente. E são, de fato, os óculos de minha mente. É através deles que vejo o mundo, as pessoas, a história e Deus. Mas são como os óculos: ao ver as coisas, não vejo as lentes dos preconceitos que se escondem atrás de meus olhos.

Claro, vivo dizendo que não tenho preconceitos, porque assim como vejo o meu próximo — e bem melhor se trago os óculos sobre o nariz — sem enxergar as lunetas que me ajudam a vê-lo, do mesmo modo vejo a realidade sem me dar conta dos óculos ideológicos, racistas ou classistas que se escondem em meu olhar. Só quando bato a cara na parede é que me dou conta de que eles estão lá e deformam a minha visão da vida.

Afinal, nenhum de nós escolheu a família, a classe social, a religião ou a etnia na qual nasceu. E, no entanto, não nos damos conta de que ter escapado de nascer miserável em Serra Leoa ou no Vale do Jequitinhonha, aqui pertinho, não é privilégio nem bênção de Deus. É dívida social. Pois Javé nos criou para viver no Paraíso, diz o primeiro livro sagrado, o Gênesis. Se o que está à nossa volta não é o melhor dos mundos, a culpa não é de Javé, é de nossa liberdade, nem sempre justa, e desses óculos que se escondem atrás de nossos olhos e nos fazem ver as coisas por olhos que não são os de Deus.

Já reparou quantas vezes a gente se olha no espelho a cada dia? Agora, por exemplo, você está lendo este texto. Responda: tem certeza de que traz na memória os traços exatos de seu rosto? Viu? Apesar de fitar o próprio rosto no espelho, não guardamos a foto precisa de nosso rosto. Sinal de que os nossos olhos foram feitos para fitar o próximo, e não a nós mesmos. Vendo o próximo, sei melhor como é o rosto dele do que ele mesmo.

A tecnologia ótica avança muito a cada década. Hoje, existem lentes de contato. Infelizmente, não tão avançadas a ponto de facilitar o nosso contato com os semelhantes. Pelo contrário, ao usá-las nos despojamos do rosto, mas nem sempre do espírito.

E há cirurgias delicadíssimas para corrigir defeitos visuais. Quando haverá para corrigir os defeitos óticos da mente e do coração?

Uso óculos há mais de cinquenta anos e ninguém me chama de "deficiente visual". O que de fato sou. No entanto, se o vizinho usa muleta ou cadeira de rodas, difícil escapar da qualificação. Por isso, faço campanha para acabar com essa definição pejorativa. Ninguém pode ser qualificado por uma falha. Somos todos deficientes, seja pela falta de um dente, de um apêndice ou de um bom olho. Melhor dizer: PODE — Portador de Direitos Especiais. Todos somos portadores de direitos universais. Meu vizinho da cadeira de rodas também, acrescidos de direitos especiais: rampas, estacionamento privativo, banheiro amplo etc.

Tenho uma curiosidade: diante desse mundo tão repleto de injustiças e violências, qual será a ótica de Deus? Sim, alguém pode objetar que a ótica divina já está gravada nos livros sagrados. Mas com que óculos os ler para ter certeza de que a minha interpretação não corre o risco de estar adulterada?

Uma coisa é certa: os óculos do coração não costumam embaçar. Mas já reparou como é fácil esquecê-los por aí?

A ESTRANHA SEITA
DOS CELULÁRIOS

O TELEFONE CELULAR É O MAIS RECENTE SÍMBOLO DE STATUS. NEM aqueles que estão sem-terra ou sem-teto, mas com necessidade de ágil comunicação, dispensam-no. *Yuppie* é um executivo dependurado pela orelha no celular. Ora, por que não o chamar de molecular, já que é todo feito de moléculas? (Na terra do meu avô, havia sim telefone molecular — bastava mandar o moleque lá...) Ou de atômico, já que toda a sua matéria não passa de energia condensada em forma de átomos? Os generais, sem dúvida, sentir-se-iam orgulhosos por atender, em plena manobra, seu "telefone atômico".

O celular faz o usuário perder o senso de conveniência. Ou melhor, do ridículo. Nada mais irritante do que o trinado do celular soando na igreja. Outro dia, à frente do altar, o noivo atendeu. Noiva, padre, padrinhos e convidados permaneceram imóveis, aguardando o fim da conversa, que parecia seríssima. Ao desligar, o noivo comunicou que se tratava da antiga namorada, escusou-se e, antes que o matrimônio se consumasse, retirou-se. A noiva, em estado de choque, pediu o celular do pai e, dali mesmo, ligou para o analista.

Assisti a uma peça de teatro cujo jogo de cena incluía um telefone. Quando tocou no palco, pelo menos uns dez espectadores empoleiraram seus celulares na orelha.

Como o bocal do celular é diminuto, os usuários elevam a voz, desconfiados de que o tom normal não atravessa os orifícios. Assim, quem está em volta participa da conversa. Outro dia, na sala de espera do dentista, uma senhora bradava ao celular: "Não…! Não…! Não…!". Ninguém podia adivinhar o que se falava do outro lado. Como ela repetia sem cessar o advérbio, toda a sala caiu na risada.

Tenho um conhecido que adora fazer pose de executivo. É daqueles que engoma o cabelo e usa gravatas italianas fabricadas no subúrbio. Comprou um celular. Como é um chato de galochas, não há quem queira o chamar. Expedito, contratou um sujeito só para ligar para ele em momentos cruciais. Por exemplo, quando aguarda o embarque no aeroporto. De cinco em cinco minutos o sujeito liga e ele, aprumadíssimo, atende. O sujeito desliga do outro lado, mas como ninguém percebe, ele entabula, em voz alta, solenes conversas sobre seus negócios na Bolsa, o apartamento que está comprando em Miami e o BMW que a importadora ficou de lhe entregar na próxima semana…

As leis brasileiras proíbem o uso do celular pelo motorista ao volante. Ora, há melhor vitrine? Todos podem vê-lo a bordo de um celular! Pode se comunicar com o mundo enquanto faz uma manobra ou aguarda o sinal abrir.

Outro dia, tia Quitéria ficou aflitíssima porque o filho ligou do trânsito e, de repente, ela ouviu um baque forte que interrompeu o diálogo. Desmaiou, convencida de que o filho havia batido. Só mais tarde soube que, enquanto o filho soltava a mão do aparelho para mover o câmbio, o telefone escapou da pressão do ombro e caiu sobre a haste de ferro do freio de mão.

O celular é a própria coleira eletrônica. Resolve o problema dos pais compulsivos e impulsivos. Graças ao aparelho, eles controlam as filhas na escola e no clube, na balada e na lanchonete. Aliás, é a educação cibernética. Não conversam cara a cara com o filho, mas se dão por satisfeitos por falar com ele ao celular ao menos sete vezes por dia.

Celular no supermercado é o novo hit. Uma mão no carrinho, outra no telefone, e você vai conferindo as compras com a cozinheira: "Precisa de queijo ralado? Bastam três latas de massa de tomate?". Semana passada escutei uma mulher perguntar: "Seu marido prefere coxa ou pescoço?". Quero crer que se tratava do acerto do cardápio de algum jantar à base de frango.

Entrei no restaurante e dei de cara com dois amigos, à mesma mesa, entretidos com seus respectivos celulares. Até aí, tudo bem. Espantoso foi constatar que um falava com o outro.

A chamada classe média emergente, cheia da grana e vazia de cultura, não dispensa o celular. Mas às vezes confunde as coisas. No cabeleireiro, uma madame pediu à outra: "Me empresta seu celulite?". De fato, o aparelho era tão reduzido que, quem sabe, ela supôs que celulite é também diminuitivo de celular.

Entre jornalistas, o símbolo do prestígio é a marca divisória que coloca acima dos demais aqueles que conhecem o número do celular de pessoas VIPs. Mês passado, num enterro, um ministro atendeu a chamada. Sabe lá Deus o que lhe perguntaram do outro lado da linha, mas o fato é que, para perplexidade geral, ele respondeu enfático: "Esse sujeito tá é fingindo de morto". Foi aquele constrangimento geral. O pior é que, dois minutos depois, o celular tocou de novo. Todos pareciam esperar que o falecido levantasse do caixão e atendesse. O ministro, entretido com um autógrafo, custou a desligar o aparelho.

O neto de tia Quitéria chegou sábado da catequese e ela indagou: "O que a catequista ensinou hoje?". Joãozinho respondeu: "Que o tal de Moisés queria atravessar o Mar Vermelho com o povo hebreu e aí pegou o celular, ligou para o rei dos fenícios, pediu uma frota de submarinos, todos entraram e chegaram enxutinhos do outro lado". Tia Quitéria pôs as mãos na cintura e apertou o neto: "Joãozinho, foi isso mesmo que a catequista ensinou?". O menino, vencido pela autoridade da avó, resignou-se: "Não, vovó. Mas se eu contar como foi a senhora não vai acreditar!".

REDES DIGITAIS: O ALVO É VOCÊ!

As redes digitais, ao encurtarem a distância entre estranhos, permitem que os outros se posicionem em relação ao que você expressa. Ao postar uma opinião a respeito de um político, um partido, um fato do noticiário, fica-se totalmente exposto a todo tipo de reação. Saiu do armário, tomou chuva (ou chumbo)!

Muitos internautas com certeza manifestam-se favoráveis, reforçam a sua postura, tratam de felicitá-lo por pensar dessa maneira. Como as redes ultrapassam as fronteiras dos relacionamentos entre amigos, é possível que você não tenha a menor ideia de quem sejam muitos que o apoiam. Assim, a sua autoestima se vê gratificada por tantos que encaram os fatos pela mesma ótica que a sua.

Outros, porém, reagem criticamente ao que você posta. Reações educadas de quem contra-argumenta e expõe uma opinião contrária à sua; raivosas de quem exala ódio por você ousar pensar como pensa; agressivas de quem tenta ridicularizá-lo e profere todo tipo de ofensas para tentar deslegitimar a sua opinião e até mesmo "assassiná-lo" virtualmente.

Diante das ofensas, sua autoestima é ferida e você revida no mesmo nível de baixaria. Ou ignora a agressão, sacode a poeira e dá volta por cima.

A primeira atitude comprova que, de fato, você tem baixa autoestima. Entra no jogo armado por seus adversários. E ao revidar no mesmo tom talvez se sinta vingado, mas terá apenas dado murro em ponta de faca.

Suas reações não farão ninguém mudar de opinião. Acima das ofensas direcionadas a você reina o preconceito. Seus detratores não estão propriamente interessados em contestar suas ideias. Eles o odeiam. Qualquer coisa que você diga é rejeitada de antemão.

É o que seu nome, sua pessoa e suas opções representam que tanto incomodam. Prova disso é que não conseguem o ignorar e ficam atentos ao que você posta, como o atirador na trincheira espera que o inimigo erga a cabeça no lado oposto.

Se você, contudo, ignora os detratores é sinal de que suas convicções estão enraizadas e sua autoestima, resolvida. O ódio é um veneno que alguém ingere esperando que o outro morra. Como não foi você que ingeriu, o melhor é prosseguir com suas escolhas, ciente de que, como dizia Nelson Rodrigues, a unanimidade é burra, e a diversidade, inclusive de opiniões, é uma das virtudes da democracia.

Não se deixe abalar pelas reações negativas às suas postagens. Nem se permita consumir por essa guerrinha de opiniões que induz inúmeras pessoas a perderem um tempo inestimável (e irrecuperável) transitando pelas redes digitais.

Seja coerente com as suas ideias e decisões. E evite ser opositivo, seja propositivo. Saiba que muitos de seus detratores são movidos pela inveja. E a inveja é a frustração de não possuir o bem alheio.

Se você é feliz com a postura que assume na vida, que importam ofensas e agressões? Faça do silêncio a sua melhor resposta. Caso contrário, você se atolará no pântano das intrigas e se afogará no lago da maledicência.

O DESEMPREGADO

Apresentou-se na firma de colocação de mão de obra. Após horas na fila de desempregados, chegou a sua vez de ser entrevistado:

— Sabe fazer o quê?

— Bem, entendo de construção civil, meu pai trabalhava no ramo. Gosto de culinária e acho que não me daria mal na agricultura.

— Hum… Hum… O que tem feito ultimamente?

— Sou andarilho, espalho novas ideias e boas notícias.

— Ora, isso tudo é muito vago. Quero saber as suas aptidões.

— Sou bom em recursos humanos. Sei organizar grupos e incentivar pessoas.

— Considera-se um homem dotado de espírito de competitividade?

— Sou mais pela solidariedade. Gosto de somar esforços, unir o que está dividido, quebrar distâncias, incluir os excluídos.

— Na área da saúde, tem algum conhecimento?

— Sim, às vezes faço curas por aí.

— Isso é exercício ilegal da medicina. Só médicos e medicamentos cientificamente comprovados podem curar. Ou será que você também embarcou nessa onda de que meditação cura?

— É, meditação traz boa saúde. É o meu caso. Medito todas as manhãs ou ao anoitecer. Às vezes passo toda a noite meditando. E, como vê, gozo de muito boa saúde.

— Que mais sabe fazer?

— Sei pescar, preparar anzóis, monitorar embarcação e até assar peixes.

— Bem, no momento não há procura neste ramo. Os japoneses já ocuparam todas as vagas. Se fosse escolher uma profissão, qual seria?

— A de publicitário. Creio que sou bom de propaganda.

— Que tipo de produto gostaria de vender?

— A felicidade.

— A felicidade?

— Sim, como o senhor escutou.

— Meu caro, a felicidade é o bem mais cobiçado do mundo. É uma demanda infinita. É o que todo mundo busca. Só que ninguém ainda descobriu como oferecê-la no mercado. O máximo que temos conseguido é tentar convencer que ela resulta da soma de prazeres.

— Como assim?

— Se você usar essa roupa, tomar aquela bebida, passar no cabelo aquele produto, viajar para tal lugar, haverá de encontrar a felicidade.

— Mas isso é enganar a freguesia. A felicidade não se confunde com nenhum bem de posse. Ela só pode ser encontrada no amor.

— Bela teoria! E pensa que as pessoas não têm medo de amar?

— Têm medo porque não têm fé. Se acreditassem em alguém e em si mesmas, amariam despudoradamente.

— Vejo que você é mesmo bom de lábia. Quer um emprego de vendedor de cosméticos?

— Prefiro não vender ilusões. Melhor oferecer esperanças.

— Esperanças? Do jeito que o mundo está? Cara, trate de ganhar seu dinheiro. Hoje em dia é cada um por si e Deus por ninguém.

— Não penso assim. Se houver esperança de um futuro melhor, haverá indignação diante do presente injusto. Então as pessoas haverão de mudar as coisas.

— Pelo que vejo você gosta de política.

— Não sou político, mas exerço o meu direito de cidadania. Defendo os direitos dos pobres.

— Desconfio que você é um desses vagabundos utópicos que, nas praças, divertem os jovens aos domingos. Você bebe?

— Só vinho.

— Como é o seu nome?

— Jesus, mas pode me chamar de Emanuel.

O PÃO-DURO

PÃO-DURO, SEGUNDO O *AURÉLIO*, ERA A ALCUNHA DE UM AVARENTO que, incapaz de gastar uns tostões na compra de pão fresco, nutria-se do pão dormido que lhe ofertava uma padaria.

O pão-duro é um caso patológico incurável. A parte mais sensível de seu corpo é o bolso. Não abre a mão para dar bom-dia; não convida amigos à sua casa; sempre se queixa de que não tem dinheiro. Apega-se à sua poupança como náufrago a um pedaço de tábua. Sacar uns trocados do banco o faz sofrer mais do que perder um braço ou uma perna.

O pão-duro dá presente barato com aspecto de caro; repassa coisas que recebeu e não gostou; chega de mãos vazias em aniversário e faz o cumprimento mais festivo para camuflar sua avareza. Esbanja em palavras e gestos o que não gasta em dinheiro. Adora ser convidado para comer fora, mas nunca é o anfitrião. É esquivo na hora de rachar a conta do restaurante. Vive se queixando com os amigos de que se encontra em dificuldades e procura esconder as próprias posses. Não dá um centavo para obra de caridade e acredita que, assim, economiza para a próxima viagem ao exterior.

O pão-duro tenta se disfarçar com lamúrias e procura fazer crer que só ele passa apertos na vida. Está sempre falando de sufocos e gastos extras, mendigando a compaixão alheia. Jamais dá presentes, exceto os obrigatórios, como aos filhos no Natal. E fica constrangido quando recebe uma lembrança fora de qualquer data ou pretexto, apenas por amizade — pois não sabe como retribuir. Retribuição é algo acima de sua capacidade.

O pão-duro contabiliza amizades, afetos e amores. Sabe exatamente quando e quem lhe disse uma palavra amarga, uma indireta inconveniente ou fez um gesto desagradável. Para o pão-duro é quase impossível conjugar verbos como dar, perdoar, agradar. Se alguém propõe uma coleta para uma boa causa, finge que não escuta ou faz uma proposta alternativa que exclua o fator dinheiro. É escorregadio quando lhe oferecem uma rifa. Não enxerga criança de rua, ignora mendigos e, com medo da resposta, se visita amigo doente ou em dificuldades nunca pergunta: "Precisa de alguma coisa?".

O pão-duro come caviar e arrota salame. Acha que todos os amigos são como ele: escondem dinheiro no colchão e fingem-se de mais pobres do que são. Viciado em calculadora, perde horas fazendo contas de quanto possui, paga à faxineira menos do que ela merece e vai à feira tarde para se valer de preços mais baixos. Conhece bem os verbos somar e multiplicar, odeia o subtrair e sente-se roubado com o dividir. Sua maior preocupação não é com o dinheiro que ganha, e sim com o dinheiro que guarda.

Se vai a uma festa em que cada convidado deve levar uma bebida, o pão-duro é invariavelmente o único que esqueceu ou não achou loja aberta. No restaurante, não pede uma garrafa de vinho, oferece apenas uma taça; manda reformar roupas para não comprar novas; lê jornal no trabalho para não ter de adquiri-lo na banca. É mestre em pechincha, gaba-se de fazer melhores negócios que os outros e adora uma boca-livre.

Dos sete pecados capitais, o pão-duro, por natureza avarento, reincide em outros três: preguiça, até de abrir a carteira ou puxar do bolso o cartão de crédito; soberba, por se considerar muito esperto; e inveja, tão bem definida por meu confrade Tomás de Aquino (século XIII): "A tristeza provocada pelo bem alheio". E quando se depara com alguém em melhor situação que a dele, enche-se de ira e trata de gastar em difamações o que não dispende em dinheiro. Mordido pela cobiça, aplica-se a ele o dito de Epicuro (século IV a.C.): "Nada é bastante para quem considera pouco o que é suficiente".

O pão-duro está sempre convencido de que suas aplicações financeiras são mais rentáveis que as dos amigos. Gaba-se de comprar um terreno por uma ninharia e de construir uma casa com material barato. Ainda que ostentando equipamentos importados, busca sempre um modo de explicar que, no seu caso, fez um grande negócio, adquirindo-os por preços inferiores aos similares nacionais.

O pão-duro é aquele cujo coração virou pedra. Sua religião é a sovinice e seus mandamentos, os da lavra de Maquiavel (século XVI): "1) Zela apenas pelos teus interesses; 2) Não honres a mais ninguém além de ti; 3) Cobiça e procura fazer tudo o que puderes; 4) Sê miserável; 5) Logra o próximo toda vez que puderes".

No fundo e na superfície, o pão-duro está convencido do que dizia Oscar Wilde: "Quando jovem, pensava que o dinheiro era a coisa mais importante do mundo. Hoje, tenho certeza".

Sua esperança é a de que, no Céu, haja agência bancária, para a qual possa transferir, via intertúmulo, seu pecúlio amealhado na Terra.

um terreno por uma tinharia e de construir uma casa com material barato. Ainda que ostentando equipamentos importados, busca sempre um modo de explicar que, no seu caso, fez um grande negócio, adquirindo-os por preços inferiores aos similares nacionais.

O pão-duro é aquele cujo coração virou pedra. Sua religião é a sovinice e seus mandamentos, os da lavra de Maquiavel (século XVI): "1) Zela apenas pelos teus interesses; 2) Não honres a mais ninguém além de ti; 3) Cobiça e procura fazer tudo o que puderes; 4) Sê miserável; 5) Logra o próximo toda vez que puderes".

No fundo e na superfície, o pão-duro está convencido do que dizia Oscar Wilde: "Quando jovem, pensava que o dinheiro era a coisa mais importante do mundo. Hoje, tenho certeza".

II

Sua esperança é a de que, ao morrer, haja agência bancária para a qual possa transferir, via intermúndio, seu pecúlio amealhado na Terra.

POETAS GERAIS DE MINAS

AQUI MINAS PROSSEGUE, SEGUE ESSA TROPA DE POETAS NO LOMBO da mais ousada criatividade, tropeiros de dores e amores, lamentos e esperanças, garimpeiros da palavra extraída deste mistério que faz da intuição o estopim capaz de expandir o fogo da vida dentro do coração e provocar a explosão que tudo alumia. Poetas garimpam a lavra da palavra, lapidam versos que nos trazem das coisas o reverso. Não estão sós. Se outras riquezas nos roubaram, ao menos Minas acumulou vasto patrimônio de letras, mormente na arte de balbuciar o indizível pelo poetar, ainda que sem rima ou solução.

Salvo os cantos indígenas, nossos primeiros poetas foram Domingos Cardoso Coutinho e Diogo Garção. O primeiro, de estilo épico, pelos idos de 1682 cantou as glórias de Fernão Dias, caçador de esmeraldas, matador de índios, saqueador de tribos — mas isso Coutinho não deve ter dito. De sua "Relação panegírica" só nos resta, hoje, notícia.

O mesmo deu-se com o "Descobrimento das esmeraldas", de Diogo Garção, pelos fins do século XVII. Desta obra temos notícia por Cláudio Manoel da Costa, que transcreve as quatro estrofes que restaram em seu "Fundamento histórico". Camões andava na moda e era impossível fugir à sua influência.

Na poesia épica de Minas temos ainda Santa Rita Durão, frade agostiniano, que tentou fazer nossa versão de *Os Lusíadas*, a história do Brasil em poemas, com Caramuru posando de herói. Já os entendidos, como Sílvio Romero e Ronald de Carvalho, consideram o *Uruguai*, de Basílio da Gama, nascido em Tiradentes, o melhor poema do período colonial. Pena que Basílio tenha sido cooptado pela coroa, passando de subversivo a Oficial da Secretaria dos Negócios do Reino. Ficou-lhe o mérito de antecipar o romantismo, que só mais tarde chegaria ao Brasil na bagagem de Gonçalves Magalhães e seria esbanjado no indianismo de Gonçalves Dias.

Entre o épico e o lírico temos Cláudio Manuel da Costa, sonetista, quiçá precursor da seresta em Vila Rica, poliglota, versão colonial do jornalista Vladimir Herzog. Ninguém me convence de que não o enforcaram. Está lá na Casa dos Contos o lugar do trágico desfecho, para quem quiser ver e deduzir.

Revolucionários e líricos foram os combatentes da Conspiração Mineira, tão inapropriadamente chamada de Inconfidência. Ora, só Silvério dos Reis — cujo nome já o traía — não aceitou os dentes como limite da língua. É uma versão policialesca a de que foram todos inconfidentes! Ao contrário, pagaram caro, com a vida, a firmeza de suas convicções. Tomás Antônio Gonzaga, o Dirceu apaixonado por Marília, condenado ao degredo, morreu no exílio. Suas liras apareceram em 1792. Alvarenga Peixoto, casado com Bárbara Heliodora, também purgou seus últimos dias em desterro na África, fazendo da poesia uma arma de resistência ao peso do cárcere. De sua pena brotou este lema, que deveria nortear todos os brasileiros: "*Libertas quae sera tamen*".

Lírico também, porém nativista, Manuel Inácio da Silva Alvarenga deixou-nos sonetos, canções, rondós, idílios e madrigais. Em São João del-Rei, fundou a Arcádia do Rio das Mortes. Domingos Vidal Barbosa, outro combatente mineiro, riu quando soube que escapara da forca para viver o resto de seus dias na Ilha de Santiago, em Cabo Verde. Dele sobraram duas odes, perderam-se poemas e, mais tarde, suas próprias cinzas, na alfândega do Rio. Bárbara Heliodora, primeira poeta mulher do Brasil colônia, também teve seus poemas extraviados. Conhecemos apenas "Conselhos a meus filhos", primor de sábia prudência mineira em coisas políticas. Dizem que a autora morreu louca. Talvez demasiadamente lúcida.

Na sátira, ganham disparado as *Cartas chilenas*, poema-manifesto de teor subversivo e profético. Por isso, não assinado, já que na colônia pescoço não servia apenas para segurar a cabeça...

Ficou a dúvida: quem seria o autor? Ronald de Carvalho jura que Cláudio Manuel da Costa; João Ribeiro e Sílvio Romero apostam em Alvarenga Peixoto; Sérgio Buarque de Holanda e Manuel Bandeira votam em Tomás Antônio Gonzaga. No poema, Chile é Minas, e não se poupa a figura corrupta e criminosa do governador da Capitania. Fico com o pai de Chico Buarque, respaldado pela magnífica obra-pesquisa de Tarquínio Barbosa de Oliveira.

Ainda no século XVIII, de tantas luzes e lutas, temos a sátira do médico e cientista Francisco de Melo Franco, recolhido ao cárcere português como réu de heresia, por obra e graça da Inquisição. Ao menos pôs a ridículo a Universidade de Coimbra com seu poema *Reino da estupidez*.

Já no século XIX, a religiosidade impregna a poesia mineira. José Elói Otoni trocou Catas Altas pela Itália na intenção de tornar-se padre. Acabou amigo de Bocage e não se sabe se por influência passou dos claustros italianos às adegas portuguesas. De regresso ao Brasil, declama no teatro São João, no Rio, na presença de D. João VI. Chama a família real de "escrava" dos ingleses. O rei, indignado, procura corrigir: "escravos não, vassalos". "Pior, pior", grita a plateia. Tal ousadia condenou-o à marginalidade e à pobreza. De seu reencontro com a fé cristã, Otoni criou versões poéticas dos livros bíblicos. Redigiu os Provérbios em quadros e o Livro de Jó em tercetos.

Surge outra mulher, nascida em Vila Rica, em 1779: Beatriz Brandão. Prima de "Marília de Dirceu", cujo verdadeiro nome era Maria Doroteia Joaquina de Seixas Brandão, adotou o romantismo. Exímia sonetista. Na sátira de então, curiosamente destacam-se dois padres: Silvério Ribeiro de Carvalho, vigário de Paraopeba, no gênero faceto, cheio de farpas aos que se vangloriavam por trazerem o peito reluzente de condecorações, e José Joaquim Correia de Almeida, autor de *A república dos tolos*, poema heroico-cômico em dez cantos. Aliás, foi o padre Almeida quem imprimiu o manifesto da revolução de 1842.

Chega a Minas o romantismo pela pena de Aureliano José Lessa, jornalista, sem livro publicado, e pela arte de Antônio Simplício de Sales, secretário de polícia, autor de *O cavalo de Mazeppa*, que não disfarça a influência de Byron. Outro jornalista, romancista e crítico literário foi o poeta Bernardo Guimarães, que, como Castro Alves, lutou pela libertação dos escravos. Quem não lhe apreciava o talento era Gonçalves Dias. Coisas de bastidores literários...

E lá em Diamantina morreu o grande poeta João Nepomuceno Kubitschek, que antecipara a descendência ao assumir a vice-presidência do estado. Dividiu os momentos de criação com a tradução de Horácio. Latinista como ele era dom Silvério Gomes Pimenta, que acreditou na imortalidade da Academia Brasileira de Letras.

Há muitas mulheres na poesia mineira: Antonieta da Gama, Mariana Higina, Maria Rita Burnier, Maria Luiza de Araújo, para citar apenas alguns nomes de talento. Porém o simbolismo chegaria às nossas terras, cantando o amor, pela arte de Alphonsus de Guimaraens.

Agora, a liberdade. Drummond, que lapidou em versos as pedras de Itabira; Henriqueta Lisboa, tão límpido seu canto; Adélia Prado, que sabe que Deus também dá tentação; Affonso Romano de Sant'Anna, em cujo talento a palavra se faz arma perigosa e certeira.

E Minas continua, porque este veio não acaba: basta localizá-lo com intuição, perfurá-lo com sensibilidade e extraí-lo com magia. Nada temos de cartesianos. Somos raça de poetas, como o prova Hélio Pellegrino. Raciocinamos pelo coração, onde ninguém se engana.

HÉLIO PELLEGRINO

Do Rio, Ricardo Gontijo ligou para Havana na madrugada de quarta-feira, 24 de março de 1988. Comunicou-me que Hélio Pellegrino morrera do coração, tão grande era o dele. Hospitalizara-se na segunda-feira, sem apresentar sintomas aparentemente graves, e falecera na madrugada da terça. Enterram-no com a bandeira do PT, que ele ajudou a construir.

Liguei para Lya Luft, mas ninguém atendeu. Consegui falar com Dora Pellegrino, filha de Hélio, e com sua mãe, Maria Urbana.

— Ele estava tão lindo… — disse Maria Urbana com ternura. — Nos últimos tempos tivemos longas conversas. Agora estou rezando a ele.

— No último dia 11 — contei a ela — jantei em casa dele e de Lya com Ricardo Gontijo, Rita Luz e Hildebrando Pontes. Naquela noite, disse-me ele que tinha muita vontade de ajoelhar-se diante de um padre e confessar-se. Houve reação na roda amiga, alguns se mostraram indignados, pois como um psicanalista inteligente e de esquerda, adepto da Teologia da Libertação, podia pensar em confessar-se a um padre! Rita Luz perguntou-lhe: "Você tem medo da morte?". Ao que ele respondeu: "Da morte não, já acertei meus ponteiros com ela. Mas como bom mineiro preciso de um oficial de justiça, de um pistolão, para me apresentar diante de Deus. Mineiro sempre prefere um intermediário".

Apoiei-o, ressaltando que certos atavismos que trazemos da infância são como raízes: se arrancados, mutilam a nossa identidade. Ninguém mata impunemente o menino que o habita. Hélio insistiu que essa era a sua estrutura religiosa e nenhum homem pode viver sem ritos e referências. "Confessar-me a um sacerdote é a minha verdade como cristão", disse ele. Indiquei-lhe frei Marcos Faria, do convento dominicano do Leme, no Rio. Não sei se Hélio chegou a procurá-lo, mas sei que naquela noite ele fez, de fato, sua confissão geral e recebeu a absolvição do Pai. A doutrina da Igreja ensina que o desejo manifesto antes da morte tem valor sacramental.

Mas que diabo de pecado podia ter o Hélio, que era todo amor?

Na confortável casa em Botafogo, no Rio, onde moravam Maria Urbana e Hélio Pellegrino, encontrei-o em 1967, pela primeira vez. Oswaldo Rezende, meu confrade nos dominicanos, e eu decidimos procurá-lo, pois era conhecida sua posição contrária à ditadura militar. Sabíamos que era cristão e socialista — síntese na qual, com certeza, ele foi um dos pioneiros no Brasil. Queríamos seu apoio ao movimento guerrilheiro liderado por Carlos Marighella. Mas Hélio era gato escaldado. Ouviu a nossa atrevida proposta com aquela bonomia mineira que encobria, qual tênue invólucro, sua explosiva natureza italiana, como se carregasse um vulcão no lugar do coração.

Hélio Pellegrino nunca dizia não. Projetava os olhos castanhos fortes, vivos, sobre o interlocutor, erguia mãos e braços qual imensa ave prestes a levantar voo e, gesticulando muito, os dedos indicadores apontados como armas engatilhadas, os músculos da face morena retesados, as veias grossas do pescoço expostas, todo o seu corpo convulsionava pela vibração que as ideias lhe provocavam.

Valorizava os argumentos ouvidos como se acabasse de receber uma revelação dos Céus, compelido por um entusiasmo teofânico. Concordava, frisava que aquele era o caminho da salvação — mas ele próprio saía discretamente pela porta dos fundos, escusando-se como um dramaturgo incapaz de representar os personagens que criou. Herdara talvez esse aprendizado de sua prática psicanalítica, acostumado que era a devolver ao paciente o discurso que este proferira. Porém não o fazia de modo premeditado e nada tinha do profissional que sempre se apresenta embrulhado em seu próprio diploma.

Instado a participar de eventos e movimentos, candidatar-se a senador ou a governador, Hélio Pellegrino esquivava-se, não por insegurança ou petulância, mas por conhecer muito bem o seu lugar neste mundo. Havia encontrado o seu banco na praça, embora nele se mantivesse de pé e dele fizesse uma incendiária tribuna.

Dotado de perturbadora irreverência, muito inteligente e perspicaz, pertencia a esta excepcional raça de seres humanos — os poetas — na qual razão e emoção se fundem numa coisa só, nisso que Drummond definiu como "o sentimento do mundo". Hélio Pellegrino era um ser voraz, com muita fome de amor, de amigos, de Deus. Nele o afeto latejava como uma válvula aberta que deixa escapar o gás contagiante. Aproximar-se dele era ingressar na esfera indelével da paixão. Nunca um nome coube tão bem a uma pessoa, tamanho o magnetismo dessa figura que resplandecia como o Sol.

Após aquele primeiro contato, reencontrei-o quando saí da prisão, em fins de 1973. Visitei-o em seu apartamento no Humaitá, no Rio, na rua Senador Simonsen, onde vivia com Sarah, sua segunda mulher. A partir daquele almoço, nossos encontros se tornaram mais frequentes. Quando terminou sua relação com Sarah, tivemos infindáveis encontros. Ele sabia cultivar a difícil arte de conversar.

Em geral, as pessoas quase não conversam, quando muito trocam informações e comentários, como se estivessem por trás de um guichê de repartição pública, inclusive as que compartem o mesmo leito. Conversar é uma arte como escrever ou pintar. Como em qualquer atividade artística, exige indiferença ao tempo. Ainda que todas as manhãs chegasse cedo ao seu consultório em Copacabana, Hélio varava noites conversando.

Naquele nosso último encontro, em 11 de março — onze dias antes de sua transvivenciação —, notamos que ele estava cansado e ameaçamos ir embora, mas insistiu que ficássemos, retendo-nos até as três da madrugada. Seus diálogos eram densos, tensos, polêmicos e eruditos. Nisso se comprazia com seus amigos mais íntimos, Otto Lara Resende e Fernando Sabino, também mestres na arte de conversar. Os três se falavam horas ao telefone, todos os dias, como se tivessem a resolver os destinos do mundo.

Hélio Pellegrino e Maria Urbana, de relações reatadas, vieram participar, no início dos anos 1980, do grupo de oração, integrado por profissionais liberais, que acompanho no Rio. Fizemos vários retiros, dois dos quais na casa de praia de Maria Urbana, em Angra dos Reis. Reconciliado com a prática ritual da fé cristã, Hélio interessava-se pelos místicos com a mesma atração que sentia por Freud, Jung ou Melanie Klein. Nele, os contrários se uniam. Paradoxo vivo, harmonizara em sua existência tudo isso que a vã filosofia considera antagônico: fé e psicanálise, socialismo e mística, poesia e medicina.

Ser multifacetado, transcendia todos os conceitos que pretendiam enquadrá-lo ou defini-lo. Guardo em mim a foto de seu silêncio, absorto em meditação, na praia de Angra, e de sua alegria quase infantil ao auxiliar-me na cozinha.

Em meados dos anos 1980, explodiu nele a paixão avassaladora por Lya Luft. Mais uma vez, ele surpreendeu. Seu sexagésimo aniversário havia sido comemorado como festa de um segundo matrimônio com a primeira mulher, mãe de seus sete filhos. Mas, se o coração tem razões que a razão desconhece, esta padece quando tenta explicar as loucuras do coração. Agraciado pelo novo amor, Hélio Pellegrino retomou de modo febril sua atividade literária, mantendo uma coluna quinzenal no *Jornal do Brasil*. Seus artigos, coletados em *A burrice do demônio*, eram o dizer poético e profético daquilo que a parcela indignada da nação sentia sem poder expressar. Porque a indignação era a virtude que Hélio Pellegrino mais acalentava.

Impelido por ela, ingressou no PT e sempre tratou Lula como "meu general". Ele queria a libertação do Brasil. Queria um mundo justo. Queria a ressurreição da carne impregnando todos os espíritos. Queria, sedento, a eternidade. O sedutor objeto de seu desejo era Deus, que nele pulsava com o vigor de uma paixão irrefreável.

Como disse o poeta Affonso Romano de Sant'Anna, a morte de Hélio não foi uma perda, foi uma devastação. Há mortos que sepultamos também em nós, preservamos a memória afetuosa de suas presenças. Não consigo sepultar Hélio Pellegrino. É como se, em uma esquina do Rio, ele tivesse sido sequestrado e desaparecido.

Sinto uma imensa ausência de sua presença. Às vezes tenho ímpetos de ir à polícia e dar parte de que meu querido amigo sumiu na madrugada de 22 de março de 1988 e é preciso encontrá-lo urgentemente. Enquanto procuram, aqui aguardo ansioso, convencido de que irão trazê-lo para continuarmos a falar da burrice do demônio e das artimanhas de Deus.

HÉLIO, PAULO & OTTO (ENCONTRO NO CÉU)

Otto Lara Resende, Hélio Pellegrino e Paulo Mendes Campos se encontram no Céu.

— Uai, você veio mais cedo do que eu esperava! — arregala os olhos Hélio, surpreso com a chegada de Otto.

— Eu não queria alarde — explica Otto com seu jeito ponderado, o olhar macio. — Preferi sair de fininho nessa época de fim de ano, quando as pessoas estão entretidas em suas ansiedades consumistas.

— Fez bem, Otto — concorda Paulo. — Se a gente tivesse hora certa pra morrer, enterro viraria recepção. Imagina quantos convites você teria que expedir?

— O bom do enterro, sô, é que o anfitrião não precisa fazer as honras da casa — pontifica Hélio, com os braços abertos em copa. — Assim, a gente fica livre dos chatos, das carpideiras e dos curiosos.

— Uma repórter da Rede Globo disse lá no cemitério que eu era católico, o que é verdade, e você, ateu, Hélio — conta Otto, com o sorriso se expandindo pelo canto dos lábios, num misto de alegria e ironia.

— Meu Deus, logo eu, ateu? — exclama Hélio, erguendo-se da cadeira e curvando o corpo sobre o amigo. — Já não se fazem repórteres como antigamente. Sempre fui mais cristão que todos vocês!

— E como seguem as coisas lá por baixo? — indaga Paulo, meio tímido, como quem busca a certeza de que ali em cima está melhor.

— Afinal conseguiram tirar o Collor.

— E a Academia? — insiste o poeta.

— Parece que vai ganhar mais VIPs e menos talentos literários. Falam da candidatura do Roberto Marinho para a minha vaga. Daqui a pouco o Austregésilo troca o chá por champanha.

Paulo reage como quem nunca misturou salões e criação literária:

— Não me refiro à Academia Brasileira de Letras, mas à que eu frequentava, a Academia da Cachaça, ali no Leblon.

— Ora, Paulo, você sabe que nunca fui de bebidas.

— Você, Otto, sempre foi um relações-públicas do espírito e um paladino da amizade — proclama Hélio, com os dedos indicadores em riste.

— Prefiro assim a essa chatice de reduzirem toda a minha existência, todo o meu trabalho, toda a minha literatura, a uma única frase: "O mineiro só é solidário no câncer". Ainda bem que não morri de câncer...

— E o Fernando Sabino, como vai? — quer saber Paulo, com o coração premido de saudade.

— Andava por Nova York, tomando porre de jazz, quando saí de cena. Mas continua escrevendo bastante, cheio de cuidados com a saúde e muito chateado com nós três.

— Chateado com a gente? — estranha Hélio com um toque de falsete na voz poderosa. — Por quê?

— Por deixá-lo sozinho lá embaixo. Desfez-se o Quarteto da Liberdade.

— Otto, você agora está com mania de grandeza? — pergunta Paulo, indignado.

— Não, refiro-me à Praça da Liberdade, nosso ponto de encontro em Belo Horizonte, quando jovens.

— Não faltam amigos que gostariam de ocupar o nosso lugar — sugere Hélio, cravando os dentes. — Por exemplo, o Fernando poderia convocar o Zé Aparecido, que sempre sonhou formar conosco um quinteto.

— Não — observa Paulo com uma ponta de ciúmes —, o Fernando se basta com o Moacir Werneck de Castro e o Davi Neves.

— Sabe a pena que tenho do Fernando? — comenta Otto, com seu jeito de sacristão de São João del-Rei. — Ele agora deve ficar olhando triste para o telefone mudo.

Os três derramam uma lágrima pelo canto dos olhos.

— E Deus, existe mesmo? — indaga Otto curioso, acordando o repórter que sempre o habitou. — Quando irei encontrá-lo?

Hélio e Paulo caem na risada.

— Por que estão rindo? — indaga o amigo, com a cara redonda emburrada.

— Nós também demos uma de calouro quando chegamos aqui. Até descobrirmos, Otto — explica Hélio, gesticulando como se dirigisse uma orquestra —, que não há sujeito mais fácil de ser encontrado do que Deus. Lá embaixo, ele está em cada esquina, no menino de rua e no empresário que tem nojo de pobres. Só que é preciso ter fé e amor para vê-lo e conhecê-lo. Você mesmo, Otto, com a sua verve, seu jeito teimoso de entrar pelos fundos quando todos lhe abriam as portas da frente, sua capacidade de fazer e ser amigo, era, como cada um de nós, pura versão divina.

— É — completa Paulo —, se a gente lá embaixo soubesse que quanto mais humanos somos, mais divinos nos tornamos, não iríamos querer ser deuses a ferro e fogo, de modo tão desumano.

84

GOSTO DE DEUS

Querido Roberto Drummond,

Você não podia ter feito isso com a gente. Vi a notícia de sua partida na televisão, no intervalo do jogo entre Brasil e Inglaterra, em junho de 2002, que eu assistia em companhia de Raduan Nassar e Ana Miranda, na Fazenda do Sino, no interior de São Paulo.

Como você sai assim de fininho, levado por esse coração que tanto amou? Amou a Bela Bê, a Ana Beatriz, o Atlético, a Hilda Furacão, a literatura, a crônica (ficcional e esportiva) e tantos amigos e amigas.

Meu consolo é que em março daquele ano, sentados em um boteco na Savassi, em torno de um chope, aconselhei-o a não ir à Copa. Você andava desanimado para viagens longas e preferia assistir aos jogos na poltrona de casa. Ainda bem que o *Estado de Minas* entendeu e não forçou a barra. Você ficou aqui, mas o cheiro de Deus impregnou a sua alma e, agora, você, no colo dele, prova o sabor das promessas divinas. Enfim, o Atlético tem um pistolão no Céu, cuidando de fechar-lhe o gol, e só eu sei onde está Hilda Furacão e quem ficou com o sapato dela...

Lembra quando você recebeu o maior prêmio literário do Brasil, concedido pelo governo do estado do Paraná, por seu livro *A morte de D. J. em Paris*? Você ateu, ex-militante comunista, tinha tanto medo de avião que, materialismo à parte, fez promessas na igreja da Boa Viagem, acendeu vela a Santa Rita e embarcou no aeroporto da Pampulha. Na escala em São Paulo, você desembarcou pálido, decidido a não mais render homenagens a Santos Dumont e, à porta do aeroporto de Congonhas, tomou um táxi. "Para onde vamos, cavalheiro?", indagou o motorista. "Para Curitiba", você respondeu. "Rua Curitiba?". "Não, para a capital do Paraná".

O motorista o levou ao local do prêmio — uma quantia em dinheiro — e, na porta do teatro, pediu que ele o aguardasse. Ao fim da cerimônia, você ordenou: "Agora, para Belo Horizonte". Beatriz ficou perplexa quando você entrou em casa, pois usara metade do valor do prêmio para pagar a viagem.

Ah, Roberto, quantas confidências trocamos, saboreando os pastéis de dona Stella, minha mãe, que você adorava (os pastéis e a autora de livros de culinária)! Foi comendo pastéis e tomando cerveja que trocamos fantasias em torno do enredo de *Hilda Furacão*, que acabou me dando um trabalho danado, pois muita gente cismou que eu era o frei Malthus e sabia onde se encontrava a Hilda e com quem ficou o sapato dela. Ainda mais depois que a Glória Perez confirmou tudo isso no programa do Faustão.

Como conspiramos literariamente juntos! As traduções de suas obras em Cuba, os papos pelas ruas da Savassi, a minha alegria no dia em que você me mostrou a estampa de Santa Rita que trazia sempre na carteira e me confessou ter recuperado a fé em Deus!

Eu me divertia com o seu jeito atrevido de se vestir, a camisa estampada, o tênis vermelho, o medo de ficar careca e um segredo guardado a sete chaves: a sua idade. Com aquela aparência jovial, entusiasmado como um menino que torce pelo Atlético, cheio de ideias para o próximo livro, você, às vezes, parecia-me mais personagem do que autor.

Gostava de andar a pé, percorrer as livrarias, indagar sobre a venda de seus livros, intercalar a fala com o "sô", marca registrada de sua mineirice. Seu sorriso era limpo, seus olhos se dilatavam diante de uma boa notícia e, ponderado no falar, você gesticulava com exuberância, lentamente, arredondando o movimento dos braços, circunvolteando as mãos com os dedos indicadores aprumados, e sempre enfático nas afirmações.

Agora, meu irmão, a morte o levou, ela que esteve tão presente em sua literatura, em seus títulos — *A morte de D. J. em Paris, Inês é morta, O dia em que Ernest Hemingway morreu crucificado, Quando fui morto em Cuba, O homem que subornou a morte e outras histórias* —, e quis que você assistisse do Céu à vitória do Brasil sobre a Inglaterra. Robert Francis, malgrado o nome estrangeirado, você era o mais mineiro dos Drummond.

Resta-nos o consolo de saber que a sua obra o manterá vivo entre nós e entre as gerações vindouras. E a certeza, na fé, de que quando a gente nasce, todos riem e a gente chora. Quando transvivenciamos, todos choram e a gente ri.

A Deus, querido Roberto.

OSWALDO FRANÇA JÚNIOR

Oswaldo França Júnior eu conheci de letras, quando *Jorge, um brasileiro* trafegou célere nas emoções de quem buscava, sob a ditadura militar, um caminho, um rumo, uma saída neste e para este imenso Brasil. Fiquei ali, preso àquele caminhão, perdido entre lamas & dramas, na esperança de que a literatura me redimisse.

Arte é resgate, forma mágica de recriar o mundo e desvelar o real. E a literatura é a soberania criativa da Palavra, na qual se fundam as grandes religiões da humanidade: o Judaísmo, o Cristianismo e o Islamismo. Talvez isso explique a insuperável força mítica do texto. Nele se inscrevem revelações, como se nesse pequeno fragmento literário coubesse a totalidade do real. Enquanto o "milagre brasileiro" fracassava, Oswaldo mostrava a realidade do país. Jorge era a própria viagem do autor em busca de suas raízes.

Nenhum escritor deveria ser conhecido senão por seus livros. O diabo é que a literatura estabelece um diálogo íntimo entre o leitor e o autor, no caminho inverso ao da psicanálise. Na leitura é o autor quem fala e o leitor que escuta, apreende todo o universo subjetivo do autor que, como um caleidoscópio, projeta tantas imagens quantos são os olhos a decifrarem o código da escrita.

Esse processo cria, muito frequentemente, uma empatia voraz do leitor para com o autor, sobretudo porque o leitor, ao contrário do psicanalista, não se preserva diante da sedução inconsciente do autor. Daí esse compulsivo interesse que temos por nossos autores preferidos, como se o contato pessoal com eles pudesse nos enriquecer mais que o mergulho em suas obras — o que é falso.

Mesmo assim, guardo a nostalgia de não ter sido companheiro de cárcere de Miguel de Cervantes e de nem ter conhecido Dostoiévski e Guimarães Rosa. Sonhei com a Paris do pós-guerra e as discussões entre Camus e Sartre no café Les Deux Magots. Anos mais tarde, ao visitar a casa de Hemingway em Cuba, tive a impressão de já ter estado ali. Ao menos me dou por satisfeito por ter rompido o cerco em volta de Antonio Callado, Moacyr Felix, Fernando Sabino, Érico Veríssimo, Ana Miranda, Raduan Nassar, Gabriel García Márquez, Leonardo Padura, Itamar Vieira Júnior e Deonísio da Silva. Com Érico Veríssimo troquei cartas enquanto estive na prisão.

Porém, nenhum deles conseguiu me transmitir pessoalmente a riqueza exaurida de seus livros. Por isso, respeito o anonimato pessoal de um Jerome D. Salinger ou de um Dalton Trevisan e, não tivesse eu os compromissos pastorais e políticos já assumidos, faria o mesmo. Nós, escritores, não deveríamos ter mais nada a dizer além da obra que criamos.

Se quisesse, eu poderia ter chegado a Oswaldo França Júnior através de Roberto Drummond, com quem sempre troquei confidências e sugestões literárias. Preferi segurar minha curiosidade, de modo a melhor saborear seus livros. Quando se fica amigo de um autor, nunca é fácil apreciar seus escritos sem o receio de ferir suscetibilidades. Mas o acaso quis que Oswaldo e eu nos encontrássemos em Cuba, em 1985.

Foi paixão à primeira vista, que ele registrou em *Recordações de amar em Cuba*. Havia certa semelhança física entre ele e Roberto Drummond — que pouco depois se distanciariam por um desses equívocos que cortam relações sem romper sentimentos mútuos de afeto. Mas, ao contrário de Drummond, Oswaldo trocara os voos pelo terra a terra. E, ironicamente, ele que tanto arriscara a vida pilotando na Esquadrilha da Fumaça, veio a morrer em acidente rodoviário.

Entre mojitos e daiquiris, Oswaldo contou-me sua trajetória de vida que, infelizmente, não se estendeu o suficiente para virar um best-seller autobiográfico. Piloto da FAB, esteve prestes a bombardear o palácio de Leonel Brizola, no governo gaúcho, não fosse sua disposição de recusar ordens ditadas pelos militares golpistas. Expulso da Aeronáutica, abraçou a vocação literária e — como neste país viver de direitos autorais ainda não é um direito, mas um privilégio — montou uma pequena frota de táxis para sobreviver. No entanto, as peripécias aéreas lhe pareciam mais seguras do que o malabarismo do trânsito. Oswaldo dirigia seu Opala preto como se trafegasse entre ovos e, à noite, preferia não acender os faróis, com medo de ofuscar algum pedestre. Casa de ferreiro, espeto de pau. Embora consternado, não me surpreendi quando soube que a estrada assassina de João Monlevade tragara mais um de meus amigos.

Oswaldo França Júnior deixou uma obra de valor inestimável, coloquial, como quem escreve com a mesma naturalidade de quem trata a vida como uma manga madura, dessas que se chupa até o caroço, deixando o caldo escorrer pelo corpo. Sua escrita foge da circularidade das frases, do floreio plastificado de adjetivos ornamentais, da alquimia das formas desprovidas de conteúdo. Ao contrário de muitos autores, Oswaldo não escrevia para ser admirado, mas para ser entendido. Sua literatura transpira pelos poros, como quem capta o encanto de uma ideia, uma história, um momento, e o impregna de meticuloso tratamento estético. Ele sabia que escrever é, sobretudo, suscitar a fome de beleza, insaciável. E como livros não nascem de meras ideias propaladas no ardor etílico dos bares, impunha-se uma espartana disciplina, protegendo-se das solicitações alheias num reduto criativo cujo acesso era restrito a quem o alimentava, jamais a quem o sugava.

No momento histórico em que a ditadura militar se esforçava por apagar sonhos e censurar criações, Oswaldo França Júnior fez seu voo mais alto e arriscado: pronunciou sua palavra, somando-se aos novos talentos que rompiam esquemas e barreiras, como Roberto Drummond, Ignácio de Loyola Brandão, Lya Luft, Rubem Fonseca, Adélia Prado, João Ubaldo Ribeiro e tantos outros.

Porém seu estilo é inimitável, tamanha a leveza. Ao lê-lo, tem-se a impressão de que se pode escrever assim como ele escrevia. Difícil conseguir sem cair na vulgaridade jornalística, a menos que se esteja dotado daquele dom que permitiu a Oswaldo dar ao mais cotidiano dos temas uma ressonância universal. Ele não escrevia com a cabeça, e sim com a pele, sem nenhum pudor.

Perdemos o autor, ficamos com a obra. Agora, resta-nos preservá-la e divulgá-la, de modo a permitir que o maior número de leitores, dentro e fora do país, possa apreciá-la. E descobrir que os romances de Oswaldo França Júnior são como espelhos, que refletem o que temos de mais nobre e amoroso.

91

MESTRE TRISTÃO
(1893-1983)

Nosso querido Alceu Amoroso Lima era mais conhecido entre os leitores de jornais pelo pseudônimo de Tristão de Athayde. Poucos brasileiros projetaram tanta luz sobre nossas letras e nossa história como este homem, que soube multiplicar generosamente os talentos que Deus lhe confiou.

Jornalista, crítico literário, ensaísta, filósofo, Mestre Tristão foi um peregrino obcecado pelo horizonte histórico de justiça e de liberdade que perseguia, nutrido por sua irradiante fé cristã e comprometido com a permanente resistência ao arbítrio, ao autoritarismo e à opressão.

Nascido em casa grande, até os vinte anos o jovem Alceu não revelara senão preocupações estéticas, encerrado em um ceticismo que lhe transmitiam seus autores preferidos, Machado de Assis, Anatole France e Eça de Queiroz.

Ao diplomar-se em Direito, em 1913, embarcou para a Europa e, no Hotel Daniele, em Veneza, indagou a si mesmo se a vida teria sentido ou se seria o suicídio a única alternativa. A guerra, entretanto, despertou nele a dimensão social da vida e deixou-lhe um legado duradouro: o horror ao militarismo. A chegada das tropas alemãs obrigou-o a deixar Paris, onde surgira sua simpatia pelo socialismo graças à obra *O fogo*, de Henri Barbusse. Perdurava ainda sua visão de uma Igreja como velha dama da monarquia, marcada pela falta de inteligência, pelo anacronismo e o reacionarismo.

Em 1918, Afrânio Peixoto, seu cunhado, o apresentou a Jackson de Figueiredo, recém-convertido ao catolicismo. A amizade foi, no início, conflitiva: na literatura, Tristão preferia João Ribeiro; e Jackson, Rocha Pombo. Na política, o primeiro era liberal; o segundo, autoritário. Estabeleceram uma correspondência que durou de 1924 a 1928, quase toda em torno da questão religiosa, pela qual Alceu nutria indiferença, atraído que andava pelo anarquismo de Lima Barreto. Em uma dessas cartas, ele confessou a Jackson que perdera a crença na razão e se perguntava se a loucura não o levaria a alguma coisa. Foi nesse momento que Jackson deu o empurrão decisivo que permitiria a Alceu um salto na fé.

Anos mais tarde, em uma de nossas conversas, ele comparou sua conversão ao Cristianismo a um passeio de barco que fizera com um amigo sem conseguir esconder o medo que sentia da água. O amigo indagou sobre sua inquietação e ele revelou não saber nadar. "Então vou ensinar você a nadar", disse o amigo e o empurrou n'água. Mestre Tristão me disse ao recordar esse episódio: "Se ainda estou vivo é porque, naquele dia, consegui alcançar a praia nadando. Foi um salto como este que dei na esfera da fé".

Péguy, Chesterton, Maritain e Bernanos indicam o caminho pelo qual o neoconvertido chegaria a fazer a síntese entre a fé e a inteligência, mas a práxis cristã ele encontrou no contato com o padre Leonel Franca, o cardeal Leme e o trabalho na revista *A ordem*.

A partir de 1922, Alceu Amoroso Lima participou de três momentos revolucionários da história de nosso país: da revolução política, com o tenentismo; da revolução cultural, com o Movimento Modernista; e da revolução espiritual deflagrada pelas obras *Pascal e a inquietação moderna*, de Jackson de Figueiredo, e *A Igreja, a Reforma e a civilização*, do padre Leonel Franca.

Com a morte de Jackson, em 1928, Alceu assumiu o Centro Dom Vital e, a pedido do cardeal Leme, a Liga Eleitoral Católica, que, apesar do nome, defendia um programa eleitoral sem caráter confessional e não indicava candidatos próprios. Essa atividade acentuou a importância política da presença de Mestre Tristão, sem jamais vencer sua determinação de não assumir cargos eletivos.

A Segunda Guerra imprimiu nele a certeza de que o fascismo e o direitismo representam uma contradição formal com a dimensão social do Evangelho e de que a fé deve encarnar-se concretamente nos problemas sociais. Se o seu anterior namoro com o integralismo foi provocado basicamente por ser ele um burguês com espírito anti-burguês, a leitura de *Les grands cimetières sous la lune*, de Bernanos, o levou a repudiar a ideia de uma "organização política do espiritual". A guerra o fez perceber que a fé não é algo antiético ou separado da política, e nem a Igreja deve conceder caráter confessional à cristandade ou à neocristandade edificada pelo Estado.

Completa-se, então, a etapa final de sua vida, marcada por três fases: a das formas, na qual predomina a estética; a das ideias, da inteligência iluminada pela fé cristã; e a dos acontecimentos, vistos como "sinais dos tempos", que refletem a presença de Deus. Seus últimos artigos semanais buscavam detectar, por trás dos fatos, a vida e a antivida, a graça e o pecado, tornando-o, no sentido mais preciso, também um teólogo, um homem capaz de usar sua inteligência para mergulhar na realidade criada à procura do Nome do Criador.

No início dos anos 1970, quando eu me encontrava no cárcere, o apoio de Mestre Tristão me levou, pouco depois, a convidá-lo para prefaciar meu primeiro livro, *Cartas da prisão*. Da admiração que eu nutria pelo pensador nasceu uma amizade tecida de cartas e de inesquecíveis colóquios em seu apartamento no Rio e em sua casa em Petrópolis. A última vez que nos vimos foi no Natal de 1982, na tranquilidade beneditina do mosteiro paulista dirigido por sua filha, Irmã Maria Tereza, carinhosamente tratada por Tuca. Levei Lula, para se conhecerem pessoalmente. Foi a única ocasião em que vi o fundador do PT em silenciosa contemplação diante de alguém. Alegre, bem-disposto, Mestre Tristão improvisou uma aula de história política do Brasil e disse a Lula: "O PT é o partido do futuro. Meus netos são petistas".

Quando completou 85 anos, perguntei ao Mestre se, naquela idade, sentia medo da morte. Com irradiante jovialidade, ele respondeu: "A morte não me preocupa. Só me preocupa a morte dos meus amados. A morte é, para mim, a paz, a plenitude, o encontro. Diante dela sinto-me inteiramente à vontade".

ALFREDO BOSI, UM AMIGO

A PROXIMIDADE DE ECLÉA E ALFREDO BOSI COM OS FRADES DO-minicanos levou o casal a descobrir o cristianismo à luz da Teologia da Libertação e, ainda na década de 1960, a se inserir em Comunidades Eclesiais de Base na periferia de São Paulo. Com muita frequência nos encontrávamos em eventos e jantares oferecidos, na Granja Vianna, pelo casal Yolanda e Yoshio Kimura, seus vizinhos.

Alfredo teve a paciência de ler e criticar os originais de alguns de meus romances. Pouco antes da pandemia fui visitá-lo, em companhia de frei Márcio Couto, a convite de sua filha Viviana, quando ele já se encontrava abatido pela perda inconsolável de sua companheira inseparável, Ecléa, em 2017. Deu-me a impressão de que havia se demitido da vida.

"Bosi é uma das figuras mais importantes da história da literatura brasileira", escrevi no texto para a orelha do livro em sua homenagem, *Reflexão como resistência*. "Homem afável e generoso, afetiva e efetivamente vinculado ao mundo dos excluídos (embora sua modéstia impeça que esta faceta dele seja mais conhecida), cristão progressista e membro da Academia Brasileira de Letras, ele é agraciado com a merecida homenagem prestada neste livro."

Bosi é um monge das letras, um intelectual engajado, um amigo cordial. Seu sorriso translúcido, sua silente atenção ante o interlocutor e sua erudição camuflada pelos "olhos redondos e humilhados, represados por lentes", como o descreve Ecléa, fazem dele um homem singular.

Em agosto de 2014, participou, em São Paulo, do seminário de comemoração dos quarenta anos do martírio de frei Tito de Alencar Lima. Em seu pronunciamento, ressaltou: "Pertenço à geração que teve o privilégio (e sofreu os riscos) de compartilhar um momento decisivo da história da Igreja no Brasil e na América Latina. Assistimos e vivemos intensamente a mudança de rumo de uma doutrina e de uma prática que tirou um alto número de cristãos do conformismo para animá-los a assumir um engajamento social e político que preconizava reformas estruturais e, no limite, aderia a um ideal revolucionário".

Em "Os trabalhos da mão", dedicado a Ecléa, publicado em *O ser e o tempo da poesia*, o que Bosi escreveu qualifico de pura proesia:

> Parece ser próprio do animal simbólico valer-se de uma só parte do seu organismo para exercer funções diversíssimas. A mão sirva de exemplo. A mão arranca da terra a raiz e a erva, colhe da árvore o fruto, descasca-o, leva-o à boca. A mão apanha o objeto, remove-o, achega-o ao corpo, lança-o de si. A mão puxa e empurra, junta e espalha, arrocha e afrouxa, contrai e distende, enrola e desenrola; roça, toca, apalpa, acaricia, belisca, unha, aperta, esbofeteia, esmurra; depois, massageia o músculo dorido.
>
> A mão tateia com as pontas dos dedos, apalpa e calca com a polpa, raspa, arranha, escarva, escarifica e escarafuncha com as unhas. Com o nó dos dedos, bate. A mão abre a ferida e a pensa. Eriça o pelo e o alisa. Entrança e destrança o cabelo. Enruga e desenruga o papel e o pano. Unge e esconjura, asperge e exorciza. Acusa com o índex, aplaude com as palmas, protege com a concha. Faz viver alçando o polegar; baixando-o, manda matar. Mede com o palmo, sopesa com a palma. Aponta com gestos o eu, o tu, o ele; o aqui, o aí, o ali; o hoje, o ontem, o amanhã; o pouco, o muito, o mais ou menos; o um, o dois, o três, os números até dez e os seus múltiplos e quebrados. O não, o nunca, o nada. [...]
>
> A mão prepara o alimento. Debulha o grão, depela o legume, desfolha a verdura, descama o peixe, depena a ave e a desossa. Limpa. Espreme até extrair o suco. Piloa de punho fechado, corta em quina, mistura, amassa, sova, espalma, enrola, amacia, unta, recobre, enfarinha, entrouxa, enforma, desenforma, polvilha, guarnece, afeita, serve.

A mão joga a bola e apanha, apara e rebate. Soergue-a e deixa-a cair. A mão faz som: bate na perna e no peito, marca o compasso, percute o tambor e o pandeiro, batuca, estala as asas das castanholas, dedilha as cordas da harpa e do violão, dedilha as teclas do cravo e do piano, empunha o arco do violino e do violoncelo, empunha o tubo das madeiras e dos metais. Os dedos cerram e abrem o caminho do sopro que sai pelos furos da flauta, do clarim e do oboé. A mão rege a orquestra.

A mão, portadora do sagrado. As mãos postas oram, palma contra palma, ou entrançados os dedos. Com a mão o fiel se persigna. A mão, doadora do sagrado. A mão mistura o sal à água do batismo e asperge o novo cristão; a mão unge de óleo no crisma, enquanto com a destra o padrinho toca no ombro do afilhado; os noivos estendem as mãos para celebrarem o sacramento do amor e dão-se mutuamente os anulares para receber o anel da aliança; a mão absolve do pecado o penitente; as mãos servem o pão da eucaristia ao comungante; as mãos consagram o novo sacerdote; as mãos levam a extrema-unção ao que vai morrer; e ao morto, a bênção e o voto da paz. *In manus tuas, Domine, commendo spiritum meum.*

Agora, Bosi, nas mãos de Deus, acarinha Ecléa. A paixão o arrancou desta para a outra vida. Morreu de amor.

ANTONIO CANDIDO MILITANTE

SABEMOS TODOS QUE ANTONIO CANDIDO (1918-2017) SE DESTACA entre os mais qualificados críticos literários da história do Brasil e merece figurar entre os mais eminentes sociólogos. Porém sua longa trajetória de vida foi marcada também pela militância política. Este carioca de temperamento e hábitos mineiros, fala ponderada e gestos comedidos, gentleman da intelectualidade, fino no físico e no trato, sobressai como exemplo de coerência de princípios éticos, humanitários.

Antonio Candido iniciou sua militância política na década de 1940, quando se filiou ao PSB e editou o jornal clandestino *Resistência*, de oposição à ditadura de Getúlio Vargas. Em fevereiro de 1980, participou da fundação do PT, ao lado de intelectuais como Sérgio Buarque de Holanda e Paulo Freire.

Fomos amigos. Tivemos poucas, mas memoráveis conversas, em especial à mesa de nossa amiga comum, Adélia Bezerra de Meneses. Ele e eu, amigos de Lula, estávamos ligados ao PT. A diferença é que minha vinculação sempre foi a de simpatizante. Ao contrário dele, nunca me filiei a partidos políticos. Antonio Candido aderiu, como filiado e militante, à proposta de Lula por considerá-la oposta à "vanguarda iluminada", como se expressou em crítica ao dogmatismo stalinista.

Socialista convicto, declarou aos 93 anos:

> O socialismo é uma doutrina totalmente triunfante no mundo.
> E não é paradoxo. O que é o socialismo? É o irmão gêmeo do capitalismo, nasceram juntos, na revolução industrial. É indescritível o que era a indústria no começo. Os operários ingleses dormiam debaixo da

máquina e eram acordados de madrugada com o chicote do contramestre. Isso era a indústria. Aí começou a aparecer o socialismo. Chamo de socialismo todas as tendências que dizem que o homem tem que caminhar para a igualdade e [que] ele é o criador de riquezas e não pode ser explorado. Comunismo, socialismo democrático, anarquismo, solidarismo, cristianismo social, cooperativismo... tudo isso. Esse pessoal começou a lutar para o operário não ser mais chicoteado; depois, para não trabalhar mais que doze horas; depois, para não trabalhar mais que dez, oito; para a mulher grávida não ter que trabalhar; para os trabalhadores terem férias; para ter escola para as crianças. Coisas que hoje são banais. Conversando com um antigo aluno meu, que é um rapaz rico, industrial, ele disse: "O senhor não pode negar que o capitalismo tem uma face humana". O capitalismo não tem face humana nenhuma. O capitalismo é baseado na mais-valia e no exército de reserva, como Marx definiu. É preciso ter sempre miseráveis para tirar o excesso que o capital precisa. E a mais-valia não tem limite. Marx diz em *A ideologia alemã:* "As necessidades humanas são cumulativas e irreversíveis". Quando você anda descalço, você anda descalço. Quando você descobre a sandália, não quer mais andar descalço. Quando descobre o sapato, não quer mais a sandália. Quando descobre a meia, quer sapato com meia, e por aí não tem mais fim. E o capitalismo está baseado nisso. O que se pensa que é [a] face humana do capitalismo é o que o socialismo arrancou dele com suor, lágrimas e sangue. Hoje é normal o operário trabalhar oito horas, ter férias... tudo é conquista do socialismo.

Para Antonio Candido — crítico ao socialismo real —, à democracia econômica ali existente — a partilha de bens e a garantia universal de direitos básicos a toda a população, como alimentação, saúde e educação — faltava a contrapartida da democracia política, da efetiva participação popular de condução do processo social. Sem se opor, ele mantinha a devida distância de Lenin e de Trótski, e a convicção de que é preferível correr o risco de errar com a classe trabalhadora do que ter a pretensão de acertar sem ela.

Antonio Candido era homem de base, aliado ao MST, malgrado seu porte refinado, mas um refinamento antiburguês, de quem não abre a guarda a meros interesses mercantilistas. Senhor de suas emoções, sabia escutar quem se lhe opunha ideologicamente sem jamais perder a fleuma. Não se deixava levar por essa ansiedade de querer catequizar o adversário e convencê-lo de seu equívoco. No calor do debate, preservava-se em altivo e respeitoso silêncio. Indagado, expressava seu ponto de vista com firme moderação. Sabia ser etimologicamente humilde (húmus, terra), pés no chão e altura própria, nem menor nem maior.

Em 2002, Antonio Candido teve a gentileza de redigir a apresentação de meu livro *Lula: um operário na presidência*, destinado à campanha presidencial daquele ano. No texto, ressalta Lula como

o líder operário que contribuiu decisivamente para imprimir novo rumo à vida política brasileira, ao consagrar a entrada do trabalhador na linha de frente das decisões nacionais, quebrando a tendência de manipulá-lo segundo fórmulas ideológicas pré-fabricadas ou de acordo com os interesses das classes dominantes.

O leitor poderá verificar como Lula está no centro desse grande movimento histórico, que mudará a fisionomia e a estrutura da sociedade brasileira. De fato, ele encarna de maneira exemplar as aspirações de sua classe, desde o momento em que deu alma nova ao movimento sindical, esforçando-se para situá-lo na vanguarda da luta pela democracia. Ao fazer isso, firmou-se cada vez mais como homem representativo, como porta-voz, não como um desses dirigentes revestidos de autoritarismo mágico, que tentam impor a própria personalidade. A mola dos seus atos são os interesses legítimos da classe trabalhadora, que contém mais do que qualquer outra os germes da transformação pela qual a sociedade deve passar, a fim de pôr termo à situação insuportável de miséria e iniquidade que caracteriza o Brasil de hoje. Por isso, do movimento sindical por ele dirigido saiu logicamente o PT, que se impõe a cada dia pela capacidade de abrir os trilhos do futuro, em marcha pelo socialismo.

Antonio Candido era ateu convicto, porém desprovido de qualquer proselitismo. Entre seus melhores amigos figuravam meu confrade, o dominicano frei Benevenuto de Santa Cruz, meu professor de ética e diretor da Livraria e Editora Duas Cidades, tão frequentada por Antonio Candido. Contou-me que frei Benevenuto fazia parte de sua família e que quando foram juntos a Porto Alegre, nos anos 1950, nos restaurantes todos miravam espantados aquele homem de hábito branco, pois não havia frade dominicano no Sul do país. Benevenuto está enterrado no túmulo da família de Antonio Candido.

Manteve também profundo vínculo com o cardeal Dom Paulo Evaristo Arns, arcebispo de São Paulo e figura de destaque na oposição à ditadura militar. Por isso, não relutou ao ser convidado para integrar a Comissão de Justiça e Paz da Arquidiocese de São Paulo.

Na segunda-feira, 12 de setembro de 2011, em companhia de Antonio Carlos Ribeiro Fester, apanhei Antonio Candido à porta do prédio onde morava, na Alameda Joaquim Eugênio de Lima, em São Paulo. Aos 93 anos, desceu lépido as escadas. Fomos visitar Dom Paulo Evaristo Arns em seu retiro, em Taboão da Serra. No percurso, Antonio Candido comentou ter lido meu romance histórico *Minas do ouro*. Elogiou capítulos e criticou o anacronismo de alguns nomes próprios. No dia seguinte, ele faria conferência no IEB sobre Sérgio Buarque de Holanda. Queixou-se de ter sido convidado para "uma mesa", e agora se dava conta de que não tinha parceiro, seria o único a falar… Lembrei que a mim acontecia de anunciarem meu nome em palestras e eventos para os quais nem havia sido convidado…

Recordou ter participado da festa dos sessenta anos de Sérgio Buarque de Holanda. E eu, dos setenta, na casa de Chico Buarque, no Rio, quando Sérgio cantou a famosa marchinha de carnaval "Sassaricando" em latim. Antonio Candido, senhor de uma memória prodigiosa, recitou a letra no carro… Lembrou ainda da música que os filhos de Sérgio fizeram para os seus sessenta anos — "não é um velho coroca/ é um rapaz bem capaz" — e cantou a letra completa. Recitou ainda todo o primeiro verso do "Primeiro canto", de Camões, miniespectáculo desfrutado apenas por dois espectadores, Fester e eu.

Contou que nascera no Rio e, aos oito meses de idade, a família se mudara para Santa Rita de Cássia, em Minas, na época distrito do município de Passos, onde seu pai se estabeleceu como médico. Mas a cidade do coração, observou, era Poços de Caldas, que também encantava sua mãe. A família morou ali até 1992, quando a casa foi vendida.

Dom Paulo Evaristo Arns nos recebeu falante. Completara noventa anos a 14 de setembro de 2011.

Como explicar o perene frescor do pensamento de Antonio Candido? Não tende a militância a petrificar a visão? E o exercício do magistério, sobretudo catedrático, não fomenta certa arrogância, suscitando aquele tom de quem, do alto da torre, julga ver melhor do que os outros?

Minha opinião é que o espírito tão democrático de Antonio Candido, sua sincera entrega à alteridade, deveu-se ao seu trato com a literatura de ficção. A ficção é a realidade em forma de sonhos. Como ensinou Aristóteles, não precisa ser verdadeira, e sim verossímil. E quando se transita no mundo da arte, no qual se situa a literatura de ficção, corre-se menos risco de se deixar contaminar por dogmas, ortofonias, ideias petrificadas. Porque o artista é, por excelência, abridor de janelas, demolidor de paredes, alargador de caminhos, amante de horizontes infindos. Para ele, não basta o agora. Busca também o além. E, na literatura, seu único limite é o da impossibilidade da palavra. Afirmava que palavra não se resume a vocábulo. Nisso o artista concorda com o evangelista João: é preciso que o verbo se faça carne. E em Antonio Candido todo o seu discurso resultava da coerência ética de sua prática.

FRADIM

Muitos conhecem o Baixinho, personagem criado pelo cartunista Henfil que faz (o verbo fica no presente porque são criações imortais) dupla com o Cumprido — os famosos fradinhos de humor sarcástico, atitudes irreverentes e intenções macabras.

Vi nascer os fradinhos. Henfil era "irmão do Betinho" e tratado por Henriquinho. Mais tarde Betinho se tornou — na letra de Aldir Blanc cantada por Elias Regina —, o "irmão do Henfil", pois a ditadura exilara Betinho enquanto, no Brasil, o cartunista ganhava fama nas páginas do *Pasquim* e nas tiras publicadas em centenas de jornais.

Henfil e eu ficamos amigos na JEC de Belo Horizonte, em 1959. O movimento publicava um jornal de edições irregulares: *O resmungo*. Ali, pela primeira vez, ele revelou seu talento ao desenho de humor. Mais tarde, Roberto Drummond contratou-o para a revista *Alterosa* e, por questão de marketing, afrancesou-lhe o apelido.

Aliás, toda essa história está muito bem contada no livro de Dênis de Moraes, *O rebelde do traço — a vida de Henfil*.

A inspiração para criar os fradinhos veio do contato de Henriquinho com os frades dominicanos de Belo Horizonte, assessores da JEC e da JUC. Betinho considerava frei Mateus Rocha, falecido em 1985, seu pai espiritual. Henriquinho e eu tivemos também muitos contatos com frei Chico Araújo e frei Marcelo Linhares.

Quem inspirou os fradinhos?

Em quais frades Henfil se inspirou para criar Baixinho e Cumprido? Quem lida com ficção sabe que personagens têm e não têm correspondência na realidade. Uma figura histórica pode servir de modelo ao autor, mas quase sempre o resultado final é uma mescla de realismo e fantasia. A arte não tem que ser verdadeira, e sim verossímil, já ensinava Aristóteles. Em literatura, a boa ficção é uma mentira tão bem contada que soa ao leitor como irretocável verdade.

Cumprido, o frade magricela e alto, ingênuo e altruísta, foi inspirado em um companheiro de JEC que ingressou nos dominicanos com o nome de frei Patrício: Humberto Pereira. Após deixar a vida religiosa, tornou-se jornalista e por muitos anos dirigiu, na Rede Globo, o programa *Globo Rural* (diga-se de passagem, um dos melhores da tevê).

Humberto e Henfil eram amigos fraternos. Do personagem, Humberto só não demonstrava a face ingênua. Pelo contrário. Sua mineirice encobria um olhar perspicaz, uma intuição aguda, sabedoria de quem, se fica em cima do muro, é para ver melhor os dois lados.

Mas quem inspirou o Baixinho? Há controvérsias. Dênis de Moraes sugere que teria sido frei Luiz Felipe Ratton Mascarenhas, nosso companheiro de JEC e, mais tarde, meu colega nos dominicanos. Ratton também deixou a vida religiosa e foi ser professor no interior de Minas. Ora, se os fradinhos foram criados em 1964, como assinala o autor da biografia de Henfil, Ratton não podia ser o inspirador, pois só ingressou nos dominicanos, junto comigo, em 1965.

Em minha opinião, a figura inspiradora do Baixinho teria sido frei Marcelo Linhares, que depois de deixar a vida religiosa se dedicou à psicoterapia em Goiás. Há razões que reforçam essa hipótese: frei Marcelo assessorava a JEC quando Henriquinho criou as personagens. E era irreverente, bem-humorado, meio moleque. Na estatura, parecido ao Baixinho.

Só num aspecto divergiam o frade e a personagem: a barriga. Nesse detalhe, o desenho lembra mais frei Ratton, que também adorava pregar peças em amigos e confrades.

Uma de frei Marcelo: no convento de Belo Horizonte, acordávamos às cinco da manhã para rezar os salmos. Muitos chegavam ao coro sonolentos, bocejantes, e levavam algum tempo para despertar. Certo dia, vimos Marcelo chegar atrasado. Distraído como era, pusera sobre o corpo o escapulário do hábito religioso e o capuz, mas esquecera de vestir a túnica. Por baixo das vestes, sua nudez só não se revelava toda graças ao calção. Não é preciso dizer que, naquela manhã, nossa oração consistiu em risos que pareciam não ter fim.

PERFIL AMIGO DE UM CONSPIRADOR DO BEM

Conheci Betinho, em Belo Horizonte, onde morávamos, na virada das décadas de 1950 e 1960. Ele, na juc e eu, na jec, em companhia do irmão dele, Henriquinho, mais tarde famoso como Henfil.

Éramos filhos espirituais da mesma mãe, a Ordem Dominicana, e do mesmo pai, frei Mateus Rocha, um homem irremediavelmente marcado pelo encontro com Jesus Cristo — algo tão profundo e indelével como em Dostoiévski, seu autor preferido. Para frei Mateus, Cristo era a revolução. Pedagogo por excelência, consagrou-se à evangelização dos jovens, abrindo a toda uma geração de estudantes mineiros o caminho da síntese entre a dimensão social da fé cristã e o projeto de construção de uma sociedade fundada na justiça.

Acalentava o sonho de, dentro de vinte anos, ver seus jovens discípulos no poder. Esse entusiasmo contaminou todos nós, especialmente Betinho.

O articulador

Raquítico, Betinho andava com o corpo levemente vergado, como se um ombro lhe pesasse mais que o outro. Dotado de humor irônico — que seu mano imprimiu em caricaturas —, fazia do sorriso uma arma de dois gumes, para cativar e desarmar o interlocutor.

Seu discurso destoava do tom academicista, retórico, para revestir-se de empatia quase intimista, como se segredasse a quem ouvia suas conclusões inelutáveis. Avesso ao dogma, era, no entanto, um jovem repleto de certezas utópicas.

Quase todo fim de tarde nos encontrávamos na porta da igreja São José, no "chá das seis" — roda de militantes da Ação Católica, que ali papeavam à espera do momento de comungar na missa, que não assistíamos devido às nossas divergências ideológicas com os padres da principal paróquia do centro da cidade. Entrávamos no exato momento em que era distribuída a eucaristia. Fortalecidos pela presença de Cristo, retornávamos às nossas confabulações. Ali se encontravam, entre outros, Vinícius Caldeira Brant, Laércio Campos, Octávio Elísio, José Alberto da Fonseca, Tomaz Aroldo da Mota Santos, Hugo Amaral, Paulo Haddad, Marcelo Guimarães, Vicente Sampaio, Jair Ferreira de Sá, Rafael Guerra, Marco Aurélio Machado, Paulo Vicente Guimarães, Marco Antônio Dias e Júlio Olímpio Mourão Filho.

Betinho morava com os pais e os irmãos (mais irmãs do que irmãos) em uma casa modesta, antiga, no bairro de Santa Ifigênia. Frequentei a família levado pelo Henriquinho ou pela Glorinha, uma das irmãs, minha colega de classe no Colégio de Aplicação. Mantive amizade até que partissem, com Henriquinho e sua mãe, dona Maria.

Malgrado as limitações que a hemofilia lhe impunha, Betinho atuava como um articulador incansável, sobretudo na política estudantil universitária. Vinícius Caldeira Brant, Aldo Arantes e José Serra, todos da AP, devem a ele terem chegado à presidência da UNE. Empenhava-se animado na organização da Juventude Trabalhista, vinculada ao PTB, mantendo estreitos contatos com San Tiago Dantas.

A Ação Popular

Nomeado dirigente nacional da JEC, mudei-me para o Rio em 1962. Betinho muitas vezes hospedava-se conosco no apartamento da rua das Laranjeiras, que abrigava os coordenadores da JEC e da JUC. Sobretudo porque ficava próximo da Praia do Flamengo, 132, sede da UNE. Sua fé cristã mantinha-se viva, embora tivesse pudor em explicitá-la. Ele era, essencialmente, um animal político, talvez com um talento artístico que a vida não lhe permitiu cultivar.

Certa noite, vi-o surpreender, no banheiro, Hélio Mororó, da JEC do Recife.

— Usando a minha escova de dentes?! — protestou Betinho.

Mororó olhou-o perplexo, com a boca cheia de espuma:

— Eu não tenho preconceito — justificou-se.

— Você não tem, mas eu tenho — reagiu Betinho.

Naquele Brasil efervescente do Iseb e do MEB, do método Paulo Freire e do CPC da UNE, da bossa-nova e do Cinema Novo, das Ligas Camponesas e do teatro de protesto, Betinho trocou a proximidade com frei Mateus Rocha — transferido para São Paulo ao ser eleito superior-geral dos dominicanos no Brasil — pelo pensamento do padre jesuíta Henrique C. de Lima Vaz, que extraía de seu neo-hegelianismo uma filosofia da história. Como os bispos temiam que a JUC se transformasse em uma tendência política, Betinho encontrou na obra do padre Vaz os fundamentos teóricos para criar um movimento político autônomo, de inspiração cristã de esquerda: a Ação Popular.

A AP estendeu sua influência do meio estudantil às instâncias administrativas do governo João Goulart. Betinho tornou-se chefe de gabinete do ministro da Educação, Paulo de Tarso Santos. Era o nosso pistolão na esfera federal, o que facilitou a obtenção da passagem aérea que, em março de 1964, levou-me a Belém do Pará, onde o golpe militar me surpreendeu participando de um encontro latino-americano de estudantes.

Com a quartelada, a AP rompeu o cordão umbilical com a Igreja Católica e abraçou o marxismo, bem como a estratégia revolucionária. Betinho, como tantos outros, entrou em crise de fé sem jamais afastar-se dos valores evangélicos. Caiu na clandestinidade, e eu, nas mãos do Cenimar, em junho de 1964, onde levei uns tapas no lugar dele, até convencer os militares de que JEC não era JUC, Ação Católica não era Ação Popular e Betinho não era diminutivo de Betto. Pelo resto da vida, Betinho, brincando, recordou a dívida que tinha comigo...

Em 1966, já frade dominicano, transferi-me para São Paulo. Nosso convento no bairro das Perdizes era uma espécie de posto de gasolina da subversão, frequentado por todas as siglas do alfabeto de esquerda. Ali Betinho localizou-me. Nossos "pontos" ou encontros eram na igreja da Pompeia, sob as árvores do amplo átrio externo. A confiança — ou a fragilidade de nossa observação às normas de segurança — fez com que ele me levasse à casa em que morava, clandestino, com sua primeira mulher, numa travessa paralela à avenida dr. Arnaldo. Dali ele comandava a AP, que começava a flertar com o maoísmo.

Betinho virou operário numa fábrica de vidros, num gesto mimetista de "revolução cultural" tupiniquim, e eu tornei-me militante da ALN de Marighella. Depois, ele tomou o rumo do exílio, enquanto o avanço da repressão arrastou-me à cadeia.

O reencontro

Em fevereiro de 1979, visitei Betinho na Cidade do México, onde se encontrava exilado, morando com Maria em Coyoacán, bairro de periferia elegante, que ainda preserva seus casarões coloniais entre ruas arborizadas. Ali também vivera Trótski. Betinho nunca havia ido à casa-fortaleza do revolucionário russo, e como eu tinha interesse em conhecê-la, decidiu acompanhar-me.

Puxamos o cordão da campainha. Fomos recebidos por uma velha judia que residia na casa transformada em museu. O pequeno jardim da entrada abriga o túmulo de León Trótski e de Natália, sua esposa. Da lápide sem inscrições ergue-se o mastro que ostenta a bandeira vermelha da Liga Comunista, sem a foice e o martelo.

A senhora informou, sem disfarçar a ponta de orgulho, que Richard Burton e Alain Delon passaram quase um mês como seus hóspedes, filmando a vida de Trótski. Na pequena sala de entrada, as coisas estão como foram deixadas por seu proprietário. Notamos que todas as janelas filtravam a claridade: por medida de segurança, foram tapadas com tijolos, restando apenas uma pequena fresta de luz.

No quarto, em torno da cama do casal, viam-se ainda os buracos das balas do atentado que teria sido comandado por Siqueiros, famoso muralista mexicano, fiel às ideias de Stalin. Os cômodos eram separados por pesadas portas de ferro fundido, como as que se usavam em cofres.

Ao deixar a casa de Trótski, Betinho e eu tínhamos a sensação de sair de uma prisão. Assustava-nos ainda saber que a peleja entre Trótski e Stalin não cessara com a morte de ambos. De alguma forma, eles sobreviviam. O primeiro, nos grupos vanguardistas que alimentavam o mito das massas irredutivelmente revolucionárias e espontaneamente democráticas. O segundo, nos partidos que faziam uma interpretação dogmática do marxismo e, em nome do centralismo democrático, legitimavam a prepotência autocrática de seus dirigentes, únicos verdadeiros oráculos do passado, do presente e do futuro.

Em casa de Betinho e Maria, aliviamos a tensão com uma comida mineira e, em seguida, fomos a Cuernavaca, onde encontramos o arcebispo, monsenhor Méndez Arceo, e Francisco Julião, também exilado no México.

De volta ao Brasil, Betinho procurou-me em São Paulo, entusiasmado com o projeto de fundar o Ibase. Dei-lhe todo apoio, estabelecendo contatos com lideranças da Igreja Católica. A partir de então, nossos passos convergiram muitas vezes nos caminhos da cidadania e da democracia.

Paradigma da cidadania

Certa vez, em São Paulo, após uma reunião convocada por Lula para debater o projeto de seguridade alimentar — que resultaria na Ação da Cidadania contra a Fome, a Miséria e pela Vida —, perguntei a Betinho se ele tinha mesmo perdido a fé. Confessou-me que sim, graças à terapia que fizera durante anos. Não podia conceber a existência de um Deus cheio de bondade ao ver tantas crianças abandonadas nas ruas.

— Se Deus existe — concluiu com um sorriso sagaz —, só uma ponte nos une: a música de Vivaldi.

Lembrei-lhe que Vivaldi era padre, e ele achou graça. Respeitei a explicação, sem pretender objetá-la. Mas fiquei com a impressão de estar diante de um órfão.

Betinho, no entanto, era um missionário da política. É curioso que nunca tenha sido presidente da UNE ou candidato a mandatos políticos. As decisões de bastidores atraíam-lhe mais que os palanques. Preferia mesmo se manter afastado das instâncias partidárias, livre para manter contatos com lideranças de diferentes matizes ideológicos. E tinha uma indisfarçável predileção em conspirar com os artistas, talvez por não se aterem às formas geométricas da racionalidade política.

Muitas vezes encontrei-o também em sua casa de campo, junto à pousada de Itatiaia onde, durante anos, fiz retiros com grupos de oração. Ele não queria morrer e fez da sua condição de portador de HIV, contraído em uma transfusão, uma batalha contra a máfia do sangue e em defesa dos direitos das vítimas do vírus. Mesmo nos momentos mais difíceis, exibia o sorriso dentuço no rosto chupado, e seus olhos brilhavam. Sua mente era caldeirão de novas ideias.

Nunca perdeu a fé na utopia. Depois de lutar incansavelmente durante anos, enfrentando todo tipo de riscos, só conheceu uma derrota: a morte. Procurou adiá-la o mais possível. Não queria ser levado por ela tão cedo, quando ainda tinha um segundo filho para criar. Pois nem sabia se, do outro lado da vida, haveria um boteco com cerveja gelada.

Betinho hoje vive em mim como paradigma de cidadania. Sou grato a Deus por tê-lo conhecido.

CONRAD DETREZ

Em companhia de frei João Xerri, meu prior na comunidade dominicana de São Paulo, cheguei a Manágua na quarta-feira, 17 de novembro de 1982. No convento, recebi a visita de Conrad Detrez, que, graças à sua amizade com Régis Debray, fora nomeado pelo presidente François Mitterrand adido cultural da embaixada da França.

Éramos velhos amigos. Conrad foi dirigente da JOC brasileira, enviado pela JOC belga. Na primeira metade da década de 1960, ingressou na AP, um movimento de esquerda integrado por cristãos, no qual trocou progressivamente a militância pastoral pela política.

Após o golpe militar de 1964, Conrad e eu nos dedicamos, no Rio, a introduzir, no Brasil, o pensamento de Teilhard de Chardin, jesuíta que buscou uma síntese entre a fé e a ciência moderna. Líamos suas obras e fazíamos resumos mimeografados, que eram vendidos especialmente na PUC. As apostilas foram transformadas, mais tarde, no livro *Sinfonia universal — A cosmovisão de Teilhard de Chardin*.

Como não éramos "queimados", fazíamos frequentes visitas ao ex-ministro da Educação do governo João Goulart, Paulo de Tarso dos Santos, que se exilara na embaixada do Chile, no Flamengo. Pouco depois, Conrad Detrez foi preso e torturado. Ao deixar os meses de cárcere, retornou à Europa. Reencontrei-o em São Paulo, em 1967. Levei-o para trabalhar na *Folha da Tarde*, como comentarista de política internacional.

Naquela época, o jornalismo e suas atribuladas questões afetivas o ocupavam mais do que a política. Com o AI-5, em dezembro de 1968, tornou a sair do país. Na França, lançou seu primeiro romance, *L'herbe à brûler*, pelo qual ganhou, em 1978, o prêmio Renaudot.

Publicado no Brasil pela Editora Civilização Brasileira, em 1979, recebeu o título de *O jardim do nada*. Conseguira, enfim, realizar o sonho de alguns intelectuais belgas francófonos: tornar-se francês.

Em outubro de 1969, quando me encontrava cursando teologia no seminário Cristo Rei, em São Leopoldo, fui surpreendido por sua inesperada visita. Viera da Europa via Montevidéu, desembarcara do ônibus em Porto Alegre, trazendo uma missão jornalística encomendada pela revista *Les temps modernes*, de Jean-Paul Sartre: entrevistar Carlos Marighella. Este se tornara conhecido na Europa após o sequestro do embaixador dos EUA no Brasil, no mês anterior, em uma operação conjunta da ALN, comandada por Marighella, e o MR-8.

Conrad Detrez foi o último jornalista a entrevistar Marighella, em São Paulo, uma semana antes do assassinato do líder revolucionário. A entrevista veio a público depois que o delegado Sérgio Paranhos Fleury o crivou de balas, na noite de 4 de novembro de 1969, em uma alameda da capital paulista.

Com o dinheiro que ganhou de direitos autorais, Conrad Detrez comprou um pequeno apartamento de cobertura junto ao Sena, no centro de Paris. Visitei-o ali em 1980, quando estive pela primeira vez na Europa. Estava inteiramente absorvido pela literatura. Vieram outros títulos: *Ludo* e *Les plumes du coq*. Neste último, versão romanceada da abertura política brasileira, destacam-se as figuras de Lula e de Fernando Gabeira.

Em março de 1981, reencontrei-o em Paris e almoçamos juntos no Le Procope, o mais antigo café do mundo, fundado em 1686. Na placa em mármore à porta, os nomes de seus mais famosos frequentadores: Voltaire, Robespierre, Danton, Napoleão, Victor Hugo e Verlaine. Ao sabor de uma garrafa de Beaujolais, comemos pato ao molho pardo com talharim. À saída, fomos contemplar os vitrais da catedral de Notre-Dame.

Com a vitória de Mitterrand, em maio de 1981, ele ingressou no corpo diplomático, indo servir na Nicarágua. Estava feliz quando o encontrei naquela tarde de novembro. Não mais nos veríamos. Poucos anos depois, morreu em Paris, vitimado pela Aids.

A FÉ HUMANISTA DE CAMUS

HOWARD MUMMA CONTA EM SEU LIVRO *ALBERT CAMUS E O TEÓLOGO* que o autor de *O homem revoltado* teve, nos últimos anos de vida, inquietações religiosas.

A uma plateia de cristãos, Camus (1913-1960) declarou em 1946: "Não parto do princípio de que a verdade cristã é ilusória. Simplesmente nunca penetrei nela".

Camus foi à igreja, quando já era artista consagrado, em busca de "algo", lembra Mumma. "Algo que não estou certo nem mesmo que eu seja capaz de definir", teria admitido o escritor.

A vida e a obra de Camus nos deixam a impressão de que ele, malgrado a formação cristã em Argel, era um cético. De fato, as atrocidades da Segunda Grande Guerra derrubaram os ícones do autor de *O mito de Sísifo* — Deus, o Partido Comunista, as instituições políticas, as ideologias. Passou a considerar mito todas as verdades "ideais" ou "objetivas". Teimou em não ir "mais além da razão", tenha o nome que tiver — raça, Estado ou partido. Desencantado, resistiu, entretanto, à cicuta da "náusea" sartreana, embora muitos insistam em situá-lo entre os existencialistas.

Camus nunca se declarou discípulo de Sartre, que chegou a manifestar que nada havia em comum entre o seu pensamento e o do autor de *O estrangeiro*. Uma de suas poucas frases que faz eco à filosofia existencialista consta de *O mito de Sísifo*, quando o autor argelino se refere ao "fastio que se apodera do homem diante do absurdo da vida".

Apegar-se a um valor espiritual era, para Camus, uma fuga da realidade. Nas águas de Nietzsche, preferia a autenticidade à verdade.

Acreditava, contudo, no ser humano. Como escritor, assumiu a condição de testemunha do sofrimento dos inocentes e, inclusive, do silêncio de Deus. Mas imaginar que, em seus últimos anos de vida, Camus chegou a ter saudades da fé que não possuía é algo que só não beira o insólito porque Mumma escreveu que Camus admitiu a possibilidade de encontrar nela um sentido para a vida. Por isso, manteve diálogos com o teólogo e foi por ele introduzido na leitura da Bíblia, o que o teria conduzido do ateísmo ao agnosticismo.

Prêmio Nobel de Literatura em 1957, Camus já havia experimentado o impacto do testemunho evangélico, conforme disse a Mumma, na amizade que o unia a Simone Weil, judia agnóstica, mística sem fé, filósofa que abandonou o conforto da academia para mergulhar de cabeça no mundo dos pobres. Militante da Resistência Francesa, trabalhou como operária na Espanha. Solidária aos famintos, permitia-se uma ração diária tão exígua que acabou comprometendo a saúde. Morreu em 1943, aos 34 anos.

O epílogo de *A peste* comprova a fé de Camus no ser humano:

> "[...] o dr. Rieux resolveu compor este relato que aqui termina para não ser daqueles que se calam, para testemunhar em favor desses pestíferos, para deixar ao menos uma recordação da injustiça e da violência que lhes tinham sido feitas, e para dizer simplesmente o que se aprende nos flagelos, que há nos homens mais coisas a admirar do que a desdenhar".

Essa exaltação do humano marca a literatura de Camus, ensolarada pela ênfase na felicidade, tributo de sua origem mediterrânea. Não é o destino que o preocupava, mas o presente, a possibilidade de ser feliz agora. Seu time é o de Montaigne, Voltaire e Rabelais, e não o de Pascal, Baudelaire e Rimbaud, que oscilam entre a angústia e o desespero. "No âmago de minha obra há um sol invencível", declarou em entrevista a Gabriel d'Aubarède, na *Nouvelles littéraires*. "Não há vergonha em ser feliz", exclamou ao entrevistador. "Há vergonha em ser feliz sozinho", completou pela boca de Rambert, em *A peste*.

Camus está morto, e é inútil indagar se, ao se acidentar, corria na ânsia de encontrar Aquele que procurava. Mas não há dúvida de que ele fez de sua estética uma radical apologia da ética, conforme atesta este trecho de *A peste*:

— Em resumo — disse Tarrou com simplicidade —, o que me interessa é saber como um homem se torna um santo.

— Mas o senhor não acredita em Deus — respondeu-lhe Rieux.

— Justamente. O único problema concreto que hoje me preocupa é saber se um homem pode tornar-se santo sem Deus.

ERNESTO CARDENAL (1925-2020): POETA, MÍSTICO, REVOLUCIONÁRIO

Em 1987, Afonso Borges promoveu, como primeira atividade do projeto Sempre um Papo, de Belo Horizonte, o lançamento do meu romance *O dia de Ângelo*, no restaurante La Taberna. Contei a Afonso que, no ano seguinte, Ernesto Cardenal iria a Minas. Afonso o convidou para proferir conferência no Cabaré Mineiro, restaurante que de cabaré só tinha o nome, e passara a receber o projeto. Cardenal, ex-monge trapista, reagiu: "Mas num cabaré…?".

Encontrei Cardenal pela primeira vez, em 1978, em sua trincheira de guerrilheiro sandinista: os fundos de uma das seis livrarias que circundavam a Universidade Nacional da Costa Rica. Já o admirava por sua obra. Seu *En Cuba*, relato de viagem à Ilha em 1970, havia passado de cela em cela em meus tempos de cárcere em São Paulo, entre 1969 e 1973.

Filho de uma das famílias mais ricas da Nicarágua, Cardenal preferiu não seguir o caminho de seu irmão Fernando, que ingressou na Ordem dos Jesuítas. Em 1957, o jovem poeta tornou-se monge trapista nos EUA. Durante dois anos o noviço teve como mestre o místico e escritor Thomas Merton.

Ao deixar a vida monástica, estudou Teologia em Medellín e, em 1965, foi ordenado sacerdote em Manágua. Identificado com a Teologia da Libertação, passou a viver no paradisíaco arquipélago de Solentiname, no lago ao sul da Nicarágua, onde partilhava a vida comunitária de pescadores e camponeses.

Ernesto nada tinha da figura estereotipada de um revolucionário. Baixa estatura, ombros largos e um jeito tímido de se aproximar das pessoas, olhos vivos por trás das lentes brancas acima do sorriso suave, dir-se-ia tratar-se de um monge ingênuo e despreocupado não fosse a boina azul, semelhante à do Che, derramando cachos prateados sobre as orelhas e a nuca. Sua jaqueta verde, sobre a bata branca, assemelhava-se à dos oficiais cubanos.

Sua função na Frente Sandinista era viajar pelo mundo a fim de denunciar os crimes de Somoza e obter apoio político. Perguntei-lhe como conciliava a contemplação com a atividade revolucionária.

— Não se opõem. Pode-se trabalhar pela revolução sendo contemplativo. No sentido tradicional, há uma dicotomia entre ação e contemplação. Porém vivo a contemplação na ação.

E frisou:

— A única mensagem do Evangelho é a revolução, que Jesus chamava de Reino de Deus, exigência de superação de todas as marcas de pecado, injustiça e opressão, até que só o amor seja possível.

Indaguei-lhe sobre o caráter de sua obra poética.

— Em um poema que dediquei a Dom Pedro Casaldáliga, digo que escrevo pela mesma razão dos profetas bíblicos, que faziam da poesia uma forma de denúncia de injustiças e anúncio de um novo tempo.

Em fevereiro de 1979, voltamos a nos encontrar em Puebla, no México, durante a Conferência Episcopal Latino-Americana. Ele convenceu bispos de todo o Continente a assinarem uma carta contra a ditadura somozista.

A 19 de julho de 1980, participei como convidado oficial das comemorações do primeiro aniversário da Revolução Sandinista. Ali reencontrei Cardenal, nomeado ministro da Cultura. Cinco anos depois ele participaria, em Havana, da solenidade na qual lancei *Fidel e a religião*, ao lado de Fidel, Gabriel García Márquez e Chico Buarque.

Durante a década de 1980, assessorei o movimento sandinista, que reunia cristãos e comunistas ateus nas questões de educação popular e na relação entre marxismo e cristianismo. Foi, então, que

Cardenal me propôs organizarmos um movimento de jovens denominado Mire. A ideia nunca prosperou, exceto no Brasil, onde teve sua fase expressiva no início da década de 2000 e ainda hoje mantém núcleos em algumas regiões do país, principalmente no Nordeste. A proposta é vincular a espiritualidade mística, cultivada pela meditação, ao compromisso de transformar a sociedade.

Em sua visita à Nicarágua, em 1983, o papa João Paulo II se recusou a estender a mão a Cardenal, então ministro da Cultura, que integrava o cortejo oficial para recepcioná-lo. E, em público, repreendeu-o, humilhou-o e, 1985, suspendeu-o de suas funções sacerdotais. O papa Francisco o reabilitou em 2019.

Em 1994, Cardenal rompeu com a Frente Sandinista, por considerar que o governo de Daniel Ortega já não mantinha coerência com os princípios revolucionários nem atendia os anseios populares.

A última vez que nos vimos foi em La Paz, em 2008, quando intelectuais e artistas latino-americanos se reuniram para manifestar apoio ao governo de Evo Morales.

Cardenal era um poeta consagrado internacionalmente, merecedor de vários prêmios literários importantes. Um de seus versos mais famosos é este epigrama dedicado a Cláudia, jovem que namorou antes de ingressar na vida religiosa. Reproduzo a minha tradução: "Ao perder eu a ti, tu e eu perdemos: / eu, porque tu eras a quem eu mais amava, / e tu, porque eu era quem te amava mais. / Porém, de nós dois, tu perdeste mais que eu: / porque poderei amar a outras como amei a ti, / mas a ti não te amarão como eu te amava".

Seu poema, *Cântico cósmico*, publicado em 1990, estende-se por seiscentas páginas! É um primor de descrição da evolução do Universo e de toda a magnitude estética da Criação, o que levou o escritor nicaraguense Sergio Ramírez a qualificar a obra de Cardenal de "poesia científica".

A obra se inicia com estes versos: "No princípio não havia nada / nem espaço, nem tempo. / O Universo inteiro concentrado no espaço do núcleo de um átomo / e, antes, ainda menor, muito menor que um próton, / e, todavia, menor ainda: / um infinitamente denso ponto matemático. / E ocorreu o Big Bang. / A Grande Explosão".

E assim termina seu mais extenso poema: "E o que vemos quando olhamos o céu noturno? / De noite vemos apenas a expansão do Universo. / Galáxias e galáxias, e além mais galáxias e quasares. / E por detrás do espaço não veríamos nem galáxias nem quasares, mas um Universo no qual nada ainda se havia condensado, / um muro escuro, / antes do instante em que o Universo se tornou transparente. / E antes ainda, o que afinal veríamos? / Quando não havia nada. / No princípio…".

III

III

QUERIDO COMPANHEIRO JESUS

TRAGO EM MIM O TEU ESTIGMA E O TEU ENIGMA. TALVEZ MINHA vida fosse mais simples sem esse fascínio pela divindade que impregnaste sob minha pele, em minhas vísceras, nas dobras moleculares do meu coração. Mas seria menos empolgante, como tantas existências quadriculadas que jamais provaram o gosto do infinito.

Seria a vida de um cavalo tão simples qual o mecanismo de um relógio? Mantenho sob suspeita a lógica antrópica, mas vejo o cavalo irremediavelmente condenado à ditadura impostergável de seus instintos. Sem dúvida, ele sabe. Será, porém, que sabe que sabe? Nós, seres humanos, fazemos à natureza todo tipo de indagação. No entanto, sabemos que sabemos sem, contudo, saber exatamente quem somos.

Teu estigma gravou em mim a força gravitacional de atração do Absoluto. Há em todo vivente esse impulso inelutável, ainda que polarizado por meras ambições. Sei que reduziste todo o intrincado mistério da existência humana a uma única atitude: o amor. Deixaste, todavia, a nosso cargo o enigma do que seja amar. Não questiono a exemplaridade de tua experiência amorosa. Amaste assim como só Deus ama. Eras descentrado de ti. Foste livre, embora a tua imagem, ao longo de vinte e um séculos, esteja cercada de incontáveis gaiolas preparadas para prendê-la. Inúmeras teologias tentam empalhar-te, como a um desses animais raros encontrados nos museus. Felizmente, tu sempre escapas.

Como decifrar o teu enigma? "É inútil tentar resumir certos indivíduos; só se pode mesmo segui-los", disse Henry James. Ou descartá-los. Vejo-te como um daqueles aos quais não cabe a indiferença.

É também o caso de Francisco de Assis e de Che Guevara. Porém como definir-te? Homem ou Deus? A fé proclama que és Deus feito homem. Albert Schweitzer, médico, músico e teólogo, também acreditou nisto até descobrir que terias se equivocado a respeito de tua própria morte. Não esperavas que fosse tão precoce. Ora, um Deus jamais se equivoca. Schweitzer, não se sentindo à vontade para ficar com os dogmas da Igreja, preferiu abraçar a tua ética. Assumiu-te como paradigma da realização da vontade de Deus e foi cuidar de hansenianos na África.

É surpreendente a força de teu estigma na literatura inconclusa de Marcos. Nenhuma outra obra da Antiguidade alcançou tanta repercussão. Algo convenceu os leitores de que aquele personagem, tu, emergia das páginas, penetrava os olhos e os ouvidos, e mergulhava fundo nos corações. Quantos discípulos suscitou a *Ilíada*, de Homero? Não provocaste apenas admiradores, mas, sobretudo, seguidores. Quem se dispôs a morrer pelas ideias de Sócrates? A tua vida, mais do que tuas ideias, transborda irrefreável do Evangelho de Marcos e dos outros três evangelistas que, baseados no primeiro relato, narram a tua história.

É consenso que a tua mensagem se encontra resumida neste único mandamento: *amar a Deus sobre todas as coisas e ao próximo como a ti mesmo*. Como todo discurso, este também comporta várias leituras. Nenhuma frase é lida do mesmo jeito por quatro olhos. Cada par de olhos lê a partir do contexto em que se situa. Toda leitura, portanto, comporta o contexto no qual se insere o leitor, e a própria subjetividade de quem lê. Ora, como a leitura clerical de teus mandamentos predominou durante séculos, propagou-se a ideia de que, desdobrado, este mandamento encerra, de fato, duas exigências: amar a Deus e amar ao próximo. É claro, sempre se cuidou de não os separar, frisando que o amor a Deus se traduz no amor ao próximo e o amor ao próximo no amor a Deus. Contudo, embora forme uma unidade, este mandamento maior quase sempre foi considerado passível de um triplo desdobramento: amor a teu Pai, amor ao próximo e amor a si mesmo.

Em princípio, ninguém deseja para si senão o bem. Mas será que esta autorreferência serve de fator pedagógico para induzir-nos a não fazer ao próximo o que não queremos que nos façam? Amar ao próximo seria respeitá-lo de fato, evitando humilhá-lo, magoá-lo, explorá-lo, traí-lo, matá-lo etc.

A meu ver, companheiro, o mais difícil não é amar a teu Pai e ao próximo. É justamente amar a si mesmo. Quando constato o que temos feito de nossas vidas, pergunto-me se realmente nos amamos. Grosso modo, minha resposta é "Não". Parece que tão somente nos suportamos. Ou, quando muito, amamos o nosso conforto, o nosso dinheiro, os nossos bens, a nossa luta por uma promoção no trabalho ou por um melhor status. Isso não significa que nos amamos. Diria mesmo que, por vezes, nos odiamos, pois ligamos a todo vapor a nossa mente e o nosso corpo, até o limite do estresse, sem sequer admitir que é preciso parar, relaxar e aprender a pensar pequeno. *Small is beautiful!*

Poluímos o nosso organismo com o alcatrão do cigarro, o álcool das bebidas ou a química das drogas. Sem dar tempo à saliva de processar quimicamente os alimentos, engolimos ansiosos, vorazes, entupindo-nos de gorduras e doces. Se tivesses vivido em nossa época, verias como se assemelham um pasto repleto de urubus em torno da carniça e um rodízio de churrascaria! A diferença é que, pela ótica dos urubus, somos uns canibais cruéis, pois além de não comermos cru os cadáveres das vacas, dos bois e dos porcos, queimamos no fogo e, sem dentes apropriados, os retalhamos à faca, forçando os bocados a descerem goela abaixo com uma enxurrada de goles de cerveja.

Temos preguiça e medo de respirar e, com frequência, retemos o gás carbônico nos pulmões, entupindo a chaminé de fumaça, retesando os músculos e deformando o corpo. Deixamos que a nossa mente se povoe de ideias ambiciosas, de sonhos desmesurados e vingativos, enquanto o nosso coração embebe-se de ressentimentos e de cobiças pretensiosas. Ora, Jesus, se nem ao menos amamos a nós mesmos, como seremos capazes de amar ao próximo e a teu Pai?

Tu nos ensinaste o que é amar a si mesmo. Eras um homem inteirado e integrado, inclusive com o teu lado feminino. Nunca trataste o teu corpo com mortificações ou mutilações, como se comprouvesse na dor, nem assumiste uma disciplina ascética exaltadora do narcisismo e sem consideração às pessoas mais próximas. Imaginaste alguma vez se nas bodas de Caná dissesses aos que serviam bebida que a falta do vinho não te dizia respeito, uma vez que não eras dado a tais prazeres? Ou se perante a multidão faminta em torno do lago da Galileia conclamasses todos a permanecer em jejum pelas almas do purgatório, deixando de fartá-los de pães e de peixes? É verdade que nunca te vi num banquete romano, nem tive notícia de que em tua casa, por ocasião da Páscoa, comias saborosos quartos de cordeiro assado. Viveste como um homem simples. Não como um daqueles monges essênios que, nas fraldas do Sinai, entregavam-se a prolongados jejuns, ou como teu primo, João Batista, que apreciava gafanhotos ao creme de mel silvestre. Não fizeste de tua fé um baluarte do teu orgulho e, por isso, criticaste os fariseus que mantinham limpos os pratos e sujos os corações. Não viveste também como um mendigo, estendendo as mãos suplicantes nas ruas e nos caminhos, nem como um homem de posses, cercado de todos os confortos e entregue à administração de sua própria prisão dourada.

Foste capaz de amar a ti mesmo. De preservar teus momentos de longas conversas com o Pai e de desfrutar da amizade de teus amigos. Não deixaste poluir a tua mente e o teu coração, pondo para fora o que de positivo e de negativo sentias, a ponto de chamares Pedro de "satanás" e de tratares os fariseus como "raça de víboras". Em tua militância havia tempo a perder em companhia de tuas amigas Marta e Maria, embora a primeira tendesse a jamais perder tempo. Choraste quando morreu teu amigo Lázaro e cedeste às pressões do centurião e da mulher cananeia.

Havia momentos, porém, em que preferias ficar a sós, entretido em ti mesmo entre as árvores de uma montanha ou à cabeceira de um barco na travessia do lago. Gostavas de ti, Jesus. Tanto que sofreste de verdade quando sentiste chegar a hora de tua morte. Foste, também ali, um homem, e não um herói. Não estufaste o peito altaneiro diante dos guardas do Templo que foram capturar-te. Não bravejaste impropérios diante do covarde Pilatos que te interrogava. Sofreste, sem vergonha de tombar três vezes no caminho do Calvário e agradecer a Cireneu por ajudar-te a suportar o peso da cruz. Clamaste ao Pai, suplicando que afastasse de ti aquele cálice.

Tua morte, tão impregnada do sentido que imprimiste à vida, jamais poderia ser a última palavra. Rompeste por todos nós a barreira, escancarando-nos as portas da eternidade. Agora, graças a ti, sabemos que a vida é terna. Para sempre.

NÃO DÊ AS COSTAS AO SEU ANJO

CABALÍSTICOS OU NÃO, OS ANJOS ESTÃO NA MODA. EM TEMPOS DE incertezas e violência, são como as bruxas: podemos não acreditar neles, mas que existem, existem. São tão antigos quanto o fervor religioso da humanidade. Nos primórdios do Cristianismo, os teólogos discutiam se tinham sido criados antes do Cosmo ou ao mesmo tempo que ele. Indiscutível é que são teimosos, até rebeldes, pois, liderados por Lúcifer, alguns se transformaram em demônios por contrariarem a vontade divina. Atenção: Lúcifer significa "repleto de luz". Portanto nem tudo que reluz é ouro. Todo cuidado é pouco no jogo das seduções.

A Bíblia está povoada de anjos com nomes próprios: Rafael, Miguel, Gabriel, Emanuel etc. Há inclusive certa hierarquia entre eles: divididos em querubins e serafins, há anjos e arcanjos. São os mensageiros de Deus, que evitaram que Abraão sacrificasse seu filho Isaac; anunciaram a ruína de Sodoma; trouxeram castigos e bênçãos. Na via contrária, são os nossos pistolões em relação ao Altíssimo. É de bom alvitre tratá-los bem, para que na hora derradeira nos abram as portas celestiais. Quando a essência da vida é o amor — amo(r)-te — a morte é terna.

A eles é dedicada uma das mais fascinantes cidades do mundo: Los Angeles. E quem não conhece um Ângelo, Ângela ou Angélica? Além das grandes rodovias protegidas pelos Anjos do Asfalto, os anjos trafegam esvoaçantes pela pintura universal. Botticelli realça neles as formas femininas entrevistas sob tecidos transparentes. Fra Angelico e Michelangelo os fazem descer do Paraíso. Mantegna, Dürer, Murillo e Rubens cercam de anjos suas madonas.

Quando os espanhóis destruíram os templos astecas no México e, no lugar, ergueram igrejas, os índios escravizados esculpiram anjos de rostos morenos e demônios à imagem e semelhança dos invasores, fazendo da arte uma arma de protesto, como mostram os altares de Puebla.

Tenho um amigo que não crê em Deus, mas tem muita fé no seu anjo da guarda. De fato, não estamos em tempos de desprezar os anjos tutelares. Basta ver como protegem as crianças. Meu vizinho, Jonas, é muito levado. Resolveu brincar de táxi com a irmãzinha, Judite. Destravou o carro que a mãe deixara empinado na ladeira e, mal enxergando a rua à frente, desceu na direção da menina, que, à porta da garagem, fazia sinal para o "táxi". Sorte dela é que o carro bateu no meio-fio e parou de cara com a montanha de sacos de lixo do`prédio. Alguém duvida que, naquele dia, os anjos andaram disfarçados de zelador e empilharam lixo na calçada?

Em seu *Como tratar seu anjo e amar pessoas*, escrito em aramaico no século II, Emanuel da Galileia alerta para a aversão que os anjos têm a estresse, ansiedade e inveja. Recomenda vivermos com menos preocupações, bastando fixar a mente na sutil presença interior de nosso anjo da guarda. Nada de querer abraçar o mundo com as pernas. Relaxar, andar a pé, curtir a natureza, dando ao nosso anjo a chance de abrir as asas. E nada de medir-se com o próximo.

Quem ouve o que o seu anjo interior diz, na coloquial linguagem da intuição, logo aprende a gostar de si mesmo. E quem se gosta não inveja o próximo e é capaz de amá-lo — no que se resume toda religião.

O DIA EM QUE VI DEUS

O NATAL É A DESPAPAINOELIZAÇÃO DO ESPÍRITO. É QUANDO O coração se torna manjedoura e, aberto ao outro, acolhe, abraça, acarinha. Violenta-se quem faz da festa do Menino Jesus uma troca insana de mercadorias. Quantas ausências há nesses presentes!

Em pleno verão, nos trópicos, o corpo empanturra-se de nozes e castanhas, vinhos e carnes gordas, sem que se faça presente para aqueles que, caídos à beira do caminho, aguardam um gesto samaritano.

Criança em Minas, aprendi com meus pais a depositar ao lado do presépio a lista de meus sonhos. Nada de pedidos a Papai Noel. No decorrer do Advento, eu engordava a lista: a cura de um parente enfermo; um emprego para o filho da lavadeira; a paz mundial.

Papai insistia para que eu registrasse meus sonhos mais íntimos. Aos oito anos, escrevi: "Quero ver Deus". Minha mãe ponderou: "Não basta Nossa Senhora, como as crianças de Fátima?". Não, eu queria ver Deus Pai. Nem imagens dele eu encontrava nas igrejas, que exibem, de sobejo, ícones de Jesus e pombas que evocam o Espírito Santo.

Na tarde daquele 25 de dezembro, meus pais levaram-me a um hospital pediátrico. Distribuímos alegria e balas às crianças, vítimas de traumas ou tomadas pelo câncer ou outras enfermidades. Fiquei muito impressionado com um menino de seis anos, careca.

Na saída, mamãe indagou-me: "Gostou de ver Deus?". Fiquei confuso: "Só vi crianças doentes", respondi. Então ela me ensinou que a fé cristã reconhece que todos os seres humanos são imagem e semelhança de Deus. Por isso é tão difícil ver Deus. Pois não é fácil encarar a radical sacralidade de todo homem e de toda mulher.

Aos poucos, entendi que o modo de comemorar o Natal forma filhos consumistas ou altruístas. E descobri que Deus é tanto mais invisível quanto mais esperamos que ele entre pela porta da frente. Sorrateiro, ele chega pelos fundos, por meio de um sem-terra chamado Abraão; um revolucionário de nome Moisés; um músico com fama de agitador, Davi; uma prostituta, Raab; um subversivo conhecido por Jeremias; um alucinado, Daniel; um casal de artesãos que, rejeitado em Belém, ocupa um pasto para trazer o Filho à vida: Maria e José.

No Evangelho de Mateus (25, 31-46), Jesus identifica-se com quem tem fome e sede, é doente ou prisioneiro, oprimido ou excluído. Aqueles que para os "sábios" são a escória da sociedade, para Deus são os convidados ao banquete do Reino.

Desde então, aprendi que o Natal é todo dia, basta abrir-se ao outro e à estrela que, acima das mazelas deste mundo, acende a esperança de um futuro melhor. Sonhar com um mundo em que o Pai Nosso transpareça na grande festa do pão nosso. Pois quem reparte o pão, partilha Deus.

A BÍBLIA PELA ÓTICA FEMININA

MENINA, A NORTE-AMERICANA ELIZABETH CADY STANTON VIA seu pai, juiz, atender as mulheres que o procuravam. Queixavam-se dos abusos dos maridos que gastavam em bebedeiras o que elas ganhavam como lavadeiras e hipotecavam suas casas ou vendiam suas terras sem sequer consultá-las.

O juiz Cady lamentava, mas a lei defendia os maridos. O casamento fazia dos dois um, e este um era o marido, que tinha o direito de dispor do salário da mulher e dos bens da família.

A menina marcava as páginas onde estavam impressas aquelas leis absurdas com a intenção de, mais tarde, arrancá-las. O pai explicou-lhe que era inútil, havia muitos outros livros com as mesmas leis. Se quisesse mudá-las, teria de convencer as pessoas que faziam as leis.

Adulta, Elizabeth descobriu que também a Bíblia era usada contra as mulheres. Pastores e padres deduziam da Palavra de Deus que a mulher fora responsável pela introdução do pecado no mundo e que, por vontade divina, devia ser submissa a seu marido. Embora inspirada por Deus, a Bíblia foi escrita por homens em uma cultura patriarcal.

Elizabeth convocou um grupo de mulheres familiarizadas com o hebraico e o grego, e versadas em teologia e ciências afins. O resultado foi a publicação da *Bíblia das mulheres*, sob uma hermenêutica feminista.

Lida por esta ótica, a Bíblia revela a igualdade entre homens e mulheres, e denuncia a leitura machista que pretende derivar, dos desígnios de Deus, instrumentos de dominação, como a interdição de acesso das mulheres ao sacerdócio e ao episcopado, e a preponderância masculina sob o pretexto de que Eva foi criada a partir da costela de Adão, quando a natureza não deixa dúvidas de que todo homem nasce do corpo de uma mulher.

A Bíblia exalta mulheres ignoradas pela ótica patriarcal: Débora, louvada por sua coragem e sagacidade militar (Juízes 4); Hulda, por sua habilidade de se fazer entender pelos simples e poderosos (2 Reis 22); Vasti, por não aceitar que as esposas fossem propriedade de seus maridos (Ester 1, 2-22); Maria, por proclamar a expectativa do Salvador como uma nova ordem na qual os poderosos serão derrubados de seus tronos e os opulentos despedidos com as mãos vazias (Lucas 1, 52-53).

O evangelista Mateus aponta, na árvore genealógica de Jesus, cinco mulheres: Tamar, Raab, Rute, Maria e, de modo implícito, a mãe de Salomão, aquela "que foi mulher de Urias". Não é bem uma ascendência da qual um de nós haveria de se orgulhar.

Viúva, Tamar disfarçou-se de prostituta para seduzir o sogro e gerar um filho do mesmo sangue de seu falecido marido. Raab era prostituta em Jericó, onde favoreceu a tomada da cidade pelos israelitas. Rute, bisavó de Davi, era moabita, ou seja, uma pagã aos olhos dos hebreus. A "que foi mulher de Urias", Betsabeia, foi seduzida por Davi enquanto o marido dela guerreava. E Maria era a mãe de Jesus, que também não escapou das suspeitas alheias, pois apareceu grávida antes mesmo de se casar com José.

Em sua atividade pública, Jesus se fez acompanhar pelos Doze e por algumas mulheres: Maria Madalena; Joana, mulher de Cuza, o procurador de Herodes; Susana; e várias outras. Portanto o grupo de discípulos de Jesus não era propriamente machista. Além disso, Jesus frequentava, em Betânia, a casa de suas amigas Marta e Maria, irmãs de Lázaro.

Os evangelhos registram vários encontros de Jesus com mulheres. O mais intrigante deles é o seu diálogo com a samaritana à beira do poço de Jacó. Jesus sabia que ela já havia tido seis maridos. Nem por isso fez-lhe um sermão sobre a fidelidade matrimonial ou as penas reservadas a quem se entrega à rotatividade conjugal. Jesus viu mais fundo. Percebeu que a samaritana buscava, sedenta, o amor em espírito e verdade. Por isso, concedeu-lhe a graça de ser a primeira pessoa a quem se revelou como Messias. Só Deus, que é amor, seria capaz de saciar aquele coração peregrino.

O primeiro milagre de Jesus foi realizado para atender o pedido de uma mulher, Maria, sua mãe, preocupada com a falta de vinho em uma festa de casamento, em Caná.

Jesus curou várias mulheres, como a aleijada da sinagoga; a filha de Jairo; a que sofria de hemorragias havia doze anos; a filha da cananeia que deu testemunho de profunda fé etc. Jesus curou também a sogra de Pedro, que, escolhido por Jesus para ser o primeiro papa, era casado.

Lançou-se recentemente nos EUA uma edição da Bíblia "politicamente correta", na qual, por exemplo, Deus é tratado por Ele/Ela. Ora, Elizabeth Cady Stanton nasceu, neste mesmo país, em 1815 e a *Bíblia das mulheres* foi publicada entre 1895 e 1898. A mídia não tem memória, mas percebe que, agora, multiplica-se o número de mulheres dedicadas a uma leitura feminista da Palavra de Deus. Em nosso país, destacam-se Ana Flora Anderson, Teresa Cavalcanti, Wanda Deifelt e Athalya Brenner.

O Cebi há anos forma, pelo Brasil afora, homens e mulheres dos setores populares em novos métodos de interpretação bíblica, pondo fim ao monopólio clerical e machista.

No Brasil colonial — como narra Dias Gomes na peça *O santo inquérito* —, Branca Dias foi encontrada, na Paraíba, com uma edição da Bíblia em língua vernácula, o que era proibido pela Inquisição. Só eram aceitas as edições em latim, que apenas o clero entendia. Branca Dias foi condenada. Mais tarde se constatou que era analfabeta...

Descobrir que a mulher ocupa na Bíblia lugar e importância iguais aos do homem é questionar as Igrejas que, à entrada do Terceiro Milênio, insistem em reservar a eles as funções de poder. E, por tabela, subverter os valores dessa sociedade que considera a direção política um talento masculino e a questão social um derivativo de primeira-dama, e ilustra sua publicidade televisiva e as páginas das revistas com a imagem de mulheres reduzidas a mero apelo de consumo material e simbólico.

Se Ivo viu a uva, agora Eva se vê como matriz da vida. Só resta às mulheres combater todas as formas de discriminação machista.

AMÓS E NÓS

COMEMORAR O DIA DO AGRICULTOR (25 DE JULHO) EM UM PAÍS DE dimensões continentais como o Brasil, que nunca conheceu uma reforma agrária, implica resgatar a atualidade do passado. É significativo evocar o profeta Amós, camponês que se tornou autor bíblico: "Sou vaqueiro e plantador de sicômoros", definia-se ele (7, 14). Viveu há vinte e nove séculos, em Técua, sítio próximo a Belém da Judeia.

Israel era governado pelo rei Jeroboão II (786-746 a.C.), cuja política econômica consistia em aumentar a carga tributária, extorquindo sobretudo assalariados e diaristas, para favorecer as importações, endividando o país. O Estado era rico e o povo, pobre. Pesquisas arqueológicas revelam que, quanto mais endinheirada a nobreza, mais suntuosos os palácios da Samaria, em contraste com a miséria dos casebres da população.

Versado em política e relações internacionais, graças ao trabalho de comercializar queijos, lã e couro nos principais mercados da região, Amós deixou o reino do Sul, onde vivia, e dirigiu-se ao Norte. Indignado diante de tanta desigualdade, denunciou os que "vendem o justo por dinheiro, e o necessitado por um par de sandálias" (2, 6), ou seja, juízes e fiscais que aceitavam subornos para aplicar multas que resultavam no confisco da terra dos camponeses.

"Pai e filho dormem com a mesma mulher" (2, 7), vociferava o profeta contra os patrões que transformavam suas empregadas em prostitutas. Os governantes "em seus palácios entesouram violência e opressão, e não sabem viver com honestidade" (3, 10).

O tempo e os recursos que as mulheres ricas perdiam no cuidado da vaidade levaram Amós a apelidá-las de "vacas de Basã", que "vivem em casas de marfim nos montes da Samaria, oprimem os fracos e maltratam os necessitados" (4, 1).

As autoridades e os juízes "transformam o direito em veneno e atiram a justiça por terra" (5, 7), "odeiam os que defendem o justo no tribunal e têm horror de quem fala a verdade" (5, 10). Os trabalhadores "pagam pesados impostos, constroem casas de pedras lavradas, nas quais nunca irão morar, e plantam vinhas de ótima qualidade sem jamais saborearem o vinho" (5, 11).

Primeiro profeta a assinar um livro da Bíblia, Amós não tergiversava com as palavras. Denunciava os abastados que "deitam-se em camas de marfim, esparramam-se em cima de sofás, comendo cordeiros do rebanho e novilhos cevados em estábulos, cantarolam ao som da lira, bebem canecões de vinho e usam os mais caros perfumes" (6, 4-6). No comércio, "diminuem as medidas, aumentam o peso e viciam a balança" (8, 6). Os agiotas, "no templo de seu deus, bebem o vinho dos juros" (2, 8).

Ainda assim, a elite revestia-se de uma religiosidade exuberante. O profeta, entretanto, não se deixava iludir, e Javé falava por suas palavras: "Detesto as festas de vocês; longe de mim o ruído de seus cânticos, nem quero escutar a música de suas liras. Eu quero, isto sim, é ver brotar o direito como água e correr a justiça como riacho que não seca" (5, 21-24).

Amós criticava aqueles que enchiam a boca de discursos políticos e religiosos e, no entanto, permaneciam indiferentes ao sofrimento do povo. Para ele, tudo aquilo era "tão absurdo como arar o mar com bois ou encher de pedras a pista e esperar que os cavalos corram" (6, 12).

EXPEDITO E JORGE

A Igreja Católica exalta como santos cristãos que servem de exemplo para os demais. Santo não significa isento de pecado. Todos foram pecadores como nós. A diferença é que abraçaram radicalmente o seguimento de Jesus e, por isso, destacaram-se como testemunhas de fé, esperança e amor.

Entre os santos comemorados (que significa comungar com a memória de alguém) em abril, dois caíram no gosto da devoção popular brasileira: Expedito (dia 19) e Jorge (dia 23).

Advogado das causas urgentes, Expedito viveu entre os séculos III e IV. Originário de Melitene, na Ásia, engajou-se no exército romano, que se expandia por todas as províncias do Império. Tornou-se comandante da 12ª Legião, integrada por 6 mil soldados.

Sob o imperador Marco Aurélio, uma área da atual Hungria foi invadida pelos bárbaros (nome que os romanos davam a todos que não se encontravam submissos ao Império). Era verão e faltava água, dificultando as condições de combate. O imperador enviou para lá a legião de Expedito, conhecida como Fulminante, tal a garra com que guerreava. Como Expedito incorporara muitos cristãos à sua divisão, todos se puseram de joelhos no campo de batalha, orando a Deus pela vitória. A cena surpreendeu os bárbaros, e a chuva desceu do céu, inundando os campos e levando o inimigo à derrota.

Expedito vem do latim *expeditus*, denominação do militar que carregava armamento leve. O *impeditus* levava o armamento pesado. Nas batalhas, os *expeditus* iam à frente, com maiores condições de mobilidade. Assim, a função exercida pelo jovem de Melitene tornou-se, com o tempo, nome próprio e também sinônimo de agilidade ou presteza. Daí ser venerado como protetor das causas impossíveis.

Sob o imperador Diocleciano, os oficiais cristãos foram obrigados a abdicar de sua fé. Expedito, a exemplo de Sebastião, recusou-se. Torturado até a morte, não cedeu. Morreu a 19 de abril de 303, decapitado.

Venerado também como protetor de militares, jovens e viajantes, Santo Expedito ganha, a cada ano, mais devotos no Brasil. Muitos que se sentem agraciados por intercessão dele retribuem levando alimentos aos necessitados, o que é mais recomendado do que imprimir santinhos ou estender faixas de agradecimento em via pública.

Jorge é outro santo muito popular entre nós. A ponto de os negros adeptos do candomblé, vendo-se ameaçados pela Igreja, camuflarem sob o nome dele o orixá Ogum, de índole guerreira. Padroeiro de cavaleiros, escoteiros e militares, Jorge foi um dos primeiros mártires cristãos, morto, provavelmente na Palestina, entre o fim do século III e o início do IV.

Há muitas lendas a respeito dele. Dizem que teria pertencido à cavalaria da Capadócia e, na Líbia, livrado uma mulher das garras de um dragão... O certo é que também foi vítima da perseguição aos cristãos movida pelo imperador Diocleciano. Preso na Nicomédia, à beira do mar de Mármara, morreu na tortura, assim como Expedito, e também teve a cabeça decepada.

Devido à falta de documentação histórica a seu respeito, o Vaticano ameaçou retirar São Jorge do rol dos santos. Viu-se, porém, obrigado a retroceder, graças à reação dos fiéis da Inglaterra e da Irlanda, onde é muito venerado, e da população da Geórgia, país cujo nome é uma homenagem a ele.

GIORDANO BRUNO

Em 1600, meu confrade, Giordano Bruno, foi queimado vivo no Campo dei Fiori, em Roma. Nascido em 1548, na adolescência ingressou na Ordem Dominicana, em Nápoles. Ordenado sacerdote em 1572, tornou-se doutor em Teologia.

Leitor voraz, o jovem frade não permitiu que a Contrarreforma lacrasse-lhe o espírito e a mente. Abriu-os ao sopro revigorante do Renascimento. Deixou-se influenciar pelo monismo dos eleatas, o devir de Heráclito, o atomismo de Demócrito, o panteísmo dos estoicos, o emanatismo dos neoplatônicos e o naturalismo de Telésio. Nutriu-se de Lucrécio e Erasmo.

Leu a obra de Copérnico, lançada em 1543, e ousou discordar da teoria de que o Universo é finito. Filósofo e astrônomo, Giordano Bruno herdou de Nicolau de Cusa a tese de que o Universo é infinito e acrescentou que, pelos espaços siderais, espalha-se uma multiplicidade de mundos habitados. Antecedeu Galileu ao advertir que a Bíblia deveria ser abraçada em seus preceitos morais, nunca em suas suposições astronômicas.

Tais ideias fizeram cair sobre ele a suspeita de heresia. Abandonou a vida religiosa em 1576. Viajou pelo norte da Itália e, em seguida, pela França, Inglaterra e Alemanha, entregue às aulas e à elaboração de sua obra. Antecipou Lavoisier ao defender que nada se perde, tudo se transforma, evoluindo sempre. A vida é infinita, eterna, inexaurível, e Deus e o Universo formam um só Ser. Em tudo emana o divino. "Não existe corpo, por menor que seja, que não possua uma parcela de substância divina que o anime."

A convite de Giovanni Mocenigo, doge de Veneza e papista fanático, Giordano Bruno retornou à Itália em 1592. Seu anfitrião o denunciou à Inquisição. Transferido para Roma, durante sete anos o réu sofreu toda sorte de pressões para renegar suas ideias. Jamais cedeu. A 17 de fevereiro de 1600, queimaram-no em praça pública.

Giordano Bruno encarna a conquista moderna da liberdade de pensamento e expressão. Nenhuma autoridade, civil ou religiosa, tem o direito de suprimir vidas em nome de ortodoxias. Se corpos não resistem ao calor das chamas, a formulação humana de verdades eternas evolui ao longo dos tempos. Tudo o que sabemos da Palavra de Deus nos foi dito através de palavras humanas.

Hoje, a física quântica comprova que toda a matéria de que é feito o Universo não passa de energia condensada. Partículas são ondas assim como ondas são partículas. A astrofísica alerta que provavelmente a Terra não é a única morada cósmica de seres inteligentes. E, além do panteísmo, os panteístas sabem que toda a Criação é sacramento do Criador: "Nele vivemos, nos movemos e existimos" (Atos dos Apóstolos 17, 28).

Espinosa, Leibniz, Schelling, Hegel e Goethe reconheceram-se influenciados por Giordano Bruno. Com certeza, Teilhard de Chardin, no íntimo, rendia-lhe a mesma gratidão. Muito antes de se falar em ecologia, o dominicano italiano propunha uma ética fundada no sentimento de identidade entre o ser humano e o cosmo.

Giordano Bruno definia-se como um "excubitor", despertador de almas. De fato, nos ensinou que a verdade não é filha da autoridade. Em um mundo em que os imperativos do mercado cunham ideias, hábitos e costumes, prostituindo valores, a coerência de Giordano Bruno ressoa não só como um exemplo do passado, mas sobretudo como sinal de esperança no ser humano como capaz de construir um futuro mais civilizado, no qual a palavra seja livre, a imaginação, criadora e o gesto, amoroso.

QUERIDA MADRE PAULINA

Canonizada pelo papa João Paulo ii em 2002, seus devotos, entre os quais me incluo, passaram a tratá-la por Santa Madre Paulina.

Alegra-me a sua canonização. Primeiro, porque a senhora é mulher. E sabe como a nossa Igreja ainda mantém preconceitos em relação ao sexo feminino. Os homens têm acesso aos sete sacramentos. As mulheres, a seis. Elas não podem ser sacerdotes. Espero em Deus que o reconhecimento solene de sua fidelidade ao Evangelho ajude a quebrar barreiras.

A senhora é filha de um desempregado, Napoleone Visintainer. Em fins da década de 1870, seu pai não encontrou na Itália trabalho como pedreiro. Em 1873, com apenas oito anos de idade, a senhora — cujo nome de batismo é Amábile — já trabalhava em uma fiação, como tantas crianças que, ainda hoje, no Brasil, são obrigadas a deixar a escola para ajudar no sustento de suas famílias.

Dois anos depois sua família emigrou para o nosso país, em busca de uma vida melhor, como muitos brasileiros que, agora, fazem o percurso inverso. A senhora tinha dez anos quando desembarcou no porto de Itajaí, em Santa Catarina. Como um sem-terra, seu pai, acompanhado de mulher e cinco filhos, enveredou pelo interior catarinense, à procura de um chão do qual tirar o pão da vida. Conseguiu assentar-se em Vigolo Vattaro, povoado do município de Nova Trento. Ali, o plantio de mandioca e milho permitiu-lhe contribuir para a construção de uma igreja dedicada a Nossa Senhora de Lourdes. Aqui nasceram mais nove irmãos da senhora.

Aos 25 anos, a senhora e sua amiga Virgínia decidiram se consagrar aos doentes pobres. Passaram a morar em um casebre improvisado em ambulatório, onde os enfermos dormiam no chão, ao lado de ambas. Todos dependiam da solidariedade dos vizinhos. O trabalho voluntário impediu que, numa região desprovida de atenção à saúde dos pobres, muitos morressem à míngua.

Por que a senhora não ingressou em uma das congregações religiosas que atuavam no Sul do país? Talvez por estarem distantes de seu povo ou, quem sabe, inspirada a iniciar sua própria obra. Em 1895, aos trinta anos, passou a viver em comunidade com outras amigas. Foi então que adotou o nome de irmã Paulina do Coração Agonizante de Jesus. Nascia, assim, a congregação das Irmãzinhas da Imaculada Conceição.

A nova congregação cresceu rápido. Outras jovens seguiram o seu exemplo. Aos oito anos, a menina tecelã ressurgiu quando a senhora fundou uma pequena fábrica de tecidos para ajudar a manter a comunidade.

Convidada a abrir uma casa na capital paulista, em 1903 a senhora passou a acolher, no bairro do Ipiranga, crianças negras órfãs e ex-escravos sem-teto e sem rumo. Mas não permaneceu muito tempo na metrópole. Deposta do governo da congregação por intrigas eclesiásticas que só o diabo explica, transferiu-se para a Santa Casa de Bragança Paulista, onde atuou, entre 1905 e 1918, como auxiliar de enfermagem, entregando-se também aos trabalhos mais humildes, como faxineira e lavadeira.

Em 1919, retornou a São Paulo, dedicando-se ao cuidado das irmãs mais idosas, suas amigas que a ajudaram a plantar as sementes germinadas pelo Espírito de Deus. Outras jovens vieram, permitindo a expansão da comunidade em Minas e Mato Grosso.

Afetado por diabetes, seu organismo debilitou-se a partir de 1934. Amputaram-lhe um dedo. Quatro anos depois, o braço direito. A 9 de julho de 1942, a senhora encontrou, enfim, Aquele a quem consagrara toda a sua vida. Vida de quem comungou com famílias desempregadas, crianças condenadas ao trabalho precoce, sem-terras, enfermos, pobres, trabalhadores têxteis, ex-escravos jogados ao desamparo e portadores de deficiências físicas.

Espero que a senhora interceda pela fila de brasileiros que, em Roma, aguardam canonização, como Albertina Berkenbrock, de Santa Catarina, assassinada aos doze anos, em 1931; irmã Lindalva de Oliveira, morta a facadas em Salvador (BA); Cristina Campos, também assassinada, em Mariana (MG); a escrava Nhá Chica, de São João del-Rei (MG); padre Francisco de Paula Victor, ex--escravo, de Campanha (MG); padre Ibiapina, da Paraíba; irmã Maria José de Jesus, carmelita, filha de Capistrano de Abreu; padre Eustáquio, de Belo Horizonte (MG); padre Donizetti, de Tambaú (SP), que criou Joelmir Beting. E outros que, embora não tenham ainda processo de canonização, merecem ser exaltados como exemplos de amor a Deus e ao próximo, como padre Cícero, frei Damião, frei Tito, Dom Hélder Câmara, Santo Dias e Dom Pedro Casaldáliga. Santa Madre Paulina, rogai pelo Brasil.

O VAGABUNDO DE DEUS

Henry, da congregação dos Irmãozinhos do Evangelho, fundada por Charles de Foucauld, era um andarilho de Deus. Em Marselha, pegou carona em um navio cargueiro, onde trabalhou na faxina, e desembarcou no Rio, em 1965. Seu propósito era chegar à Serra de Piedade, em Minas. Caminhou até Petrópolis, onde pediu hospedagem em uma casa paroquial. Ao fitar aquele homem com aspecto de mendigo, cabelos fartos, mochila às costas e sandálias de couro cru, o padre teve medo e bateu-lhe a porta na cara.

Henry dormiu no jardim defronte à igreja. Pouco depois, a polícia o despertou, levando-o preso por vadiagem. No dia seguinte, o delegado conferiu-lhe os documentos e o liberou. "Não quero ir embora", disse o monge, para espanto do delegado. "Gostaria de ficar aqui uns três dias, para falar de Jesus aos presos."

Terminado o tríduo, Henry andou até a cidade de Pedro do Rio. Sentiu fome e entrou em um bar de beira de estrada. Indagou ao dono se poderia lavar o chão em troca de um prato-feito. A proposta foi aceita. No almoço, conheceu um caminhoneiro que lhe deu carona até Belo Horizonte, onde convivemos alguns dias no convento dominicano do bairro da Serra, antes que partisse para a montanha que abriga o santuário da padroeira de Minas.

Passei anos sem notícias dele. Até que, em 1976, quando eu morava na favela de Santa Maria, em Vitória, ele bateu inesperadamente à minha porta. Contou que estivera em muitos países, vivera inusitadas experiências e pregara um retiro ao papa Paulo VI. Foram dias de muita fé e afeto. Mais tarde, soube que andara pelo Chile. Sempre em comunhão com os excluídos da sociedade.

JOÃO PAULO II, O PAPA POLÍTICO

Só quem ignora a história do papado pensa que os sucessores de Pedro são apenas líderes espirituais. Aliás, toda a história do Ocidente, do período medieval à formação dos Estados europeus, do colonialismo ao "descobrimento" da América, confunde-se com a do papado. Seu poder já não utiliza armas, como durante as Cruzadas, mas é exercido de modo inconteste sobre a consciência de milhões de fiéis, cuja fé religiosa reconhece nele a suprema autoridade da Igreja Católica.

Chefe do Estado do Vaticano, o papa ainda não abre mão de suas prerrogativas políticas. Deste ponto de vista, o trono de Pedro abriga, hoje, o único monarca absoluto do Ocidente. Suas decisões têm força de lei e impõem obediência na fé, sem admitir contestação de qualquer instância. Conta-se nos claustros que João Paulo II, indagado sobre com quem se reunia para tomar decisões, teria respondido: "Ajoelho-me". Um colóquio entre quatro pessoas: o papa, o Pai, o Filho e o Espírito Santo.

Filho da Polônia dominada pelos nazistas e, em seguida, pelos comunistas, João Paulo II nunca conheceu o limite entre fé e política. Devido à sua atribulada história, a Polônia sempre teve suas fronteiras demarcadas mais pela fé católica que pela extensão territorial. Essa fé assegurou a unidade da nação e evitou que fosse assimilada pelos regimes estrangeiros que a dominaram. Eleito papa aos 58 anos, em pleno vigor, Wojtyla não relutou em apoiar os movimentos favoráveis à erradicação do comunismo. Tornou-se, sem escrúpulos, patrono do sindicato Solidariedade e de seu líder, Lech Walesa, apoiando-os explicitamente.

Mais do que anticomunista, a postura do papa era antiautoritária. Ao visitar o Brasil pela primeira vez, em 1980, rechaçou as honrarias da ditadura militar, recebeu Lula e outros dirigentes sindicais incentivadores de greves e abençoou o professor Dalmo Dallari, da Comissão de Justiça e Paz da arquidiocese de São Paulo, que fora torturado na véspera da chegada do pontífice.

Nunca João Paulo ii se deixou manipular pela Casa Branca, com a qual sempre manteve relações apenas diplomáticas, sem proximidade, sobretudo após o escândalo do caso Marcinkus, o monsenhor estadunidense que se valeu de sua posição no Vaticano para favorecer negociatas bancárias.

Por mais fortes que tenham sido as pressões, João Paulo ii jamais cortou relações diplomáticas com o Iraque de Saddam Hussein, a Líbia de Kadafi e a Cuba de Fidel. Ao visitar a Ilha, em 1998, não receou elogiar seus avanços sociais, em especial na saúde e na educação. Fez duras críticas ao neoliberalismo e ao atual modelo de globalização. E, naquele ano, penitenciou-se da aprovação dada à invasão do Iraque, em 1991, retirando do Bush filho o apoio tácito que dera ao Bush pai durante a Guerra do Golfo.

O mundo religioso, como o político, é repleto de mentiras bem contadas. Como a maçã do Paraíso, o cavalo do qual São Paulo teria caído na estrada de Damasco e o gesto de Verônica limpando o rosto de Jesus. Na Bíblia não há maçã, cavalo ou Verônica. Do mesmo modo, diz-se que João Paulo ii teria condenado a Teologia da Libertação. Isso é tão falso quanto o boato de que Leonardo Boff teria sido condenado pelo Vaticano e abandonado a religião. Boff foi apenas censurado, permanece em comunhão com a Igreja e, como padre, padre morrerá, embora tenha optado pela vida leiga e se afastado do exercício do ministério sacerdotal.

Há mais de vinte anos a Teologia da Libertação incluía em sua agenda temas como a dívida externa, o capitalismo, os direitos dos pobres. Por isso, era vista com reservas por setores do Vaticano. Hoje, qualquer pronunciamento do papa que aborde a questão social trata criticamente dos mesmos temas. E ninguém o acusa de sofrer influência da Teologia da Libertação. No entanto, não há dúvida de que esta chegou à praça de São Pedro.

João Paulo II nunca se recusou a intermediar conflitos internacionais, como na disputa do canal de Beagle, entre Chile e Argentina; na guerra entre israelenses e palestinos (recebeu Arafat inúmeras vezes e advogava a internacionalização de Jerusalém); e nos massacres ocorridos na África. Papa da paz, Wojtyla rompeu os muros do Vaticano e saiu pelo mundo afora em incansável peregrinação em prol dos valores evangélicos, da justiça social, da família e da globalização da solidariedade.

Em um mundo que exalta como valor a competitividade, a palavra do sucessor de Pedro é, no mínimo, incômoda para o sistema que se baseia na apropriação privada da riqueza e alento à esperança de bilhões de seres humanos excluídos dos direitos humanos.

DOIS PAPAS, DUAS VISÕES

Os papas Pio IX (1846-1878) e João XXIII (1958-1963) foram beatificados pelo papa João Paulo II, a 3 de setembro de 2000. A beatificação precede a canonização, que proclama a santidade do fiel católico, tornando-o digno de culto. Desde o início da modernidade até o fim do século XX, apenas dois papas foram elevados aos altares: em 1712, o dominicano Pio V (1566-1572) e, em 1954, Pio X (1903--1914). Vê-se que a santidade não é um atributo intrínseco ao papado.

É com certo constrangimento que a Igreja Católica incentiva, hoje, a devoção aos dois papas reconhecidos como santos. Pio V, meu confrade, era um dominicano mais irmanado a Torquemada que a Giordano Bruno ou Savonarola. Foi o mais rígido intérprete da Contrarreforma, o que lhe valeu o desairoso título de padroeiro do tribunal da Inquisição...

Pio X destacou-se por sua tenaz oposição ao modernismo e por uma concepção de Igreja fortemente clerical e hierárquica. Em suma, os dois papas respiravam uma eclesiologia que considera a Igreja uma cidadela santa e imaculada, assediada pelas astúcias do demônio.

Em 2000, a Igreja oficializou a veneração de dois homens com duas visões de mundo e de Igreja diferentes. Pio IX optou pelo encastelamento da Igreja diante dos avanços do mundo moderno. João XXIII preferiu a inserção da Igreja nele, capaz de identificar os "sinais dos tempos" como apelos divinos e respeitar o pluralismo religioso, numa atitude ecumênica e dialogal.

Para Pio IX, o mundo moderno forjava-se nas oficinas do diabo. Autor do *Sillabo*, catálogo de anátemas eclesiásticos, era contra o

Estado autônomo e laico, e em 1850 proibiu os judeus de Roma de testemunharem contra os cristãos em processos penais e civis; possuírem bens imóveis; terem acesso à escola pública e à universidade (exceto medicina) etc. Beatificá-lo significou exaltar todos esses gestos como exemplares.

Para João XXIII, a Igreja é que devia se abrir aos valores positivos intrínsecos à modernidade. Pio IX convocou o Concílio Vaticano I para reforçar a autoridade eclesiástica e proclamou o dogma da infalibilidade papal. João XXIII convocou o Concílio Vaticano II, incentivou a atuação dos leigos e instaurou o princípio da colegialidade episcopal, valorizando as Igrejas locais e as conferências nacionais de bispos, como a CNBB.

Em apenas cinco anos de pontificado, João XXIII, de origem camponesa, promoveu uma revolução copernicana na Igreja Católica. Patrocinou a reforma litúrgica, permitindo a missa em língua vernácula, com o celebrante de frente para os fiéis; reforçou o princípio evangélico de uma Igreja comprometida com a libertação dos pobres; publicou as encíclicas *Mater et Magistra* e *Pacem in Terris*, que atualizaram a doutrina social da Igreja.

João XXIII surpreendeu ao convocar o Vaticano II (1962-1965) sem prévia consulta à Cúria Romana. Queria que "o vento da história limpasse a poeira acumulada sobre o trono de Pedro", como declarou. Não conseguiu, contudo, convencer os cardeais da Cúria a convidarem, para as primeiras sessões conciliares, teólogos de vanguarda como Congar, Chenu, Schillebeeckx, De Lubac, Guardini etc.

Dom Hélder Câmara manifestou ao papa estranhar tais ausências em um concílio que pretendia renovar a Igreja. João XXIII pediu ao bispo brasileiro que repetisse a queixa numa audiência em que estariam presentes os prelados da Cúria. Ao serem recebidos pelo papa, nenhum dos homens da Cúria ousou interferir quando Dom Hélder revelou seu espanto. No dia seguinte, todos aqueles teólogos foram nomeados peritos conciliares. (Mais tarde, João Paulo II concedeu o chapéu cardinalício ao dominicano Yves Congar).

Famoso por seu bom humor, João XXIII recebia superioras religiosas e indagava a que congregação cada uma pertencia. Lá pelas tantas, a madre geral da congregação do Espírito Santo apresentou-se: "Sou a superiora do Espírito Santo". O papa retrucou: "A senhora é que é feliz, pois sou apenas o vigário de Cristo".

Na antiguidade, os santos nasciam da fé dos fiéis, e não de processos de canonização, hoje onerosos aos cofres da Igreja. Nesse sentido, João XXIII há muito é cultuado pelos católicos, assim como, hoje, na América Latina: Félix Varela, Dom Óscar Romero (canonizado pelo papa Francisco), padre Cícero, frei Damião, Dom Hélder Câmara, Dom Pedro Casaldáliga e frei Tito de Alencar Lima.

A beatificação de Pio IX, em 2000, e a canonização de João XXIII pelo papa Francisco, em 2014, é emblemática para uma Igreja que ingressou no Terceiro Milênio sob a tensão interna dos que querem reforçar a autoridade do papado e dos que preferem acentuar a colegialidade episcopal e o sacerdócio comum dos fiéis.

O CARDEAL

À PORTA DO PRESÍDIO O BISPO É IMPEDIDO DE ENTRAR. Só o arcebispo, Dom Agnelo Rossi, que ali nunca esteve, tem passe livre. Pouco depois, o arcebispo — que viu pessoas torturadas, mas jamais acreditou em torturas — é removido para Roma. O papa nomeia para o seu lugar o bispo proibido de visitar os presos políticos. Do alto de seu novo múnus arquiepiscopal, o futuro cardeal, todo paramentado, apresenta-se à porta do presídio que, agora, abre-se ao sopro da força do Espírito.

O novo arcebispo sobe as escadas da galeria de celas, escuta atento as denúncias de maus-tratos, visita os frades dominicanos acusados de subversão, abençoa os que sofrem.

Semanas depois, um dos frades é levado de volta às sevícias e, durante três dias, submerge no batismo de sangue, em comunhão com os mártires. O cardeal deixa a sua casa — pois vendera o palácio episcopal para construir centros comunitários na periferia — e vai ao presídio consolar frei Tito de Alencar Lima, cuja boca havia sido aberta para "receber a hóstia" de descargas elétricas, enquanto a pele ardia à brasa de cigarros.

O cardeal ignora a advertência dos policiais e entra, sem pedir licença, em uma delegacia de proteção da ordem política e social. Ninguém ousa barrá-lo, nem se atreve a acusá-lo de desacato à autoridade. O cardeal está de clergyman e caminha firme rumo ao subsolo, onde encontra um de seus padres sangrando em dores. Como quem teme mais a autoridade de Deus que a dos homens, o carcereiro mete a chave no cadeado e destranca os ferrolhos, permitindo que o cardeal toque as chagas do sacerdote descido há pouco do pau de arara.

Vladimir Herzog, jornalista, foi suicidado no mesmo local em que o frade havia sido espancado. O cardeal reage indignado e convoca os fiéis para a missa solene na catedral. Rabinos e empresários, empenhados em demover o cardeal, dirigem-se à casa dele e tentam convencê-lo da insensatez de um culto católico para um judeu assassinado. O cardeal retruca enfático: "Jesus também era judeu". E abre a catedral à cerimônia fúnebre.

O cardeal viaja quilômetros de carro para visitar prisioneiros afastados dos grandes centros urbanos, aceita mediar a greve de fome dos encarcerados, abre suas portas a familiares e advogados que vêm contar-lhe sobre a mais recente vítima da ditadura. Telefona a generais e delegados, protesta com o presidente da República, informa ao papa o que se passa nos subterrâneos da história do Brasil.

A ditadura agoniza e o cardeal, convencido de que não se deve repetir nunca mais esta página da história, escreve o mais contundente relato dos crimes do regime militar, *Brasil — Nunca mais*. O livro alcança repercussão mundial e torna-se fator de interdição em funções públicas de muitos que acreditavam que a liberdade se esculpe a pauladas.

O cardeal incomoda com o seu profetismo a própria Igreja. Sua arquidiocese é retalhada, restando-lhe o centro, enquanto seu coração permanece na periferia. Seu nome é suprimido das comissões vaticanas. O papa João Paulo II mostra-lhe o dossiê que a Cúria Romana preparara contra ele e atira-o no lixo. O cardeal dobra-se, apanha os papéis e pede ao papa que os assine, para guardar de recordação.

O cardeal se chamava Dom Paulo Evaristo Arns.

DOM CLÁUDIO HUMMES
(E OUTROS CARDEAIS)

Dom Cláudio Hummes, arcebispo de São Paulo, foi nomeado cardeal pelo papa João Paulo II, em 2001. Afeiçoei-me a ele desde que o conheci como bispo de Santo André, em 1979. Incumbiu-me de assessorar a Pastoral Operária de São Bernardo do Campo e Diadema.

Recatado nos gestos e comedido nas emoções, Dom Cláudio é um pregador incisivo, profético, sem os floreios da sacra oratória que o cardeal Avelar Brandão, de quem fui amigo, tão bem dominava. Homem de convicções firmes, graças a seu espírito franciscano, Dom Cláudio não é intransigente. Sabe escutar, dialogar e, ao contrário de muitos bispos, procura manter-se teologicamente atualizado. É, sobretudo, um religioso de vida de oração.

Convivemos nas aflições das greves do ABC, no princípio dos anos 1980. Instado pela Fiesp para atuar como mediador, Dom Cláudio postou-se decisivo ao lado dos metalúrgicos. Se o que estava em jogo era a vida — dom maior de Deus —, ameaçada pelos índices econômicos falseados pela ditadura, não havia como esperar do bispo uma posição de suposta neutralidade.

Dom Cláudio autorizou a matriz de São Bernardo do Campo a manter suas portas abertas aos metalúrgicos, inclusive para a realização de assembleias, enquanto o sindicato permanecesse sob intervenção federal. Instou padres, religiosas e fiéis a participarem do Fundo de Greve. Na manhã em que prenderam Lula, telefonei imediatamente a Dom Cláudio, que se mobilizou contra a arbitrariedade.

Como arcebispo dessa megalópole batizada com o nome do grande apóstolo nascido em Tarso, Dom Cláudio se empenhou em preservar na Igreja a unidade na diversidade. Inútil querer enquadrá-lo entre os adeptos da Teologia da Libertação ou da liturgia dançante, da Opus Dei ou do clero progressista.

Dotado de sensibilidade social, Dom Cláudio procura preservar todos os carismas na atitude paulina de não realçar, no corpo eclesial, um membro em detrimento do outro. Homem de hábitos simples, trazidos da colônia gaúcha, é avesso a salões e banquetes, e só se permite um exagero: o trabalho excessivo.

Foi Dom Cláudio que sugeriu ao cardeal Bergoglio, eleito papa em 2013, adotar o nome de Francisco, em homenagem ao santo de Assis e sinalizando seu compromisso com as causas dos pobres.

Em meus tempos de dirigente da Ação Católica, convivi no Rio com o cardeal Jaime Câmara, prelado distante, aristocrata, mas suficientemente arguto para manter, como seu braço esquerdo, Dom Hélder Câmara (que merecia o chapéu cardinalício). Por intermédio de Dom Cândido Padin, o cardeal Câmara livrou-me do cárcere da Marinha, em junho de 1964, quando fui preso em companhia de outros dirigentes da Ação Católica.

Conhecia o cardeal Dom Serafim Fernandes de Araújo, de Belo Horizonte, desde a adolescência. Atleticano doente, ponderado e aberto ao diálogo, dele guardo um documento raro: a permissão, dada na década de 1960, para que eu lesse obras incluídas no *Index*, a lista de livros proibidos pela Igreja Católica.

Naquela década, com frequência eu vinha a São Paulo tratar da Ação Católica com o cardeal Mota. Homem de espírito aberto, bem-humorado, juscelinista convicto, possuía a habilidade mineira de apaziguar situações conflitivas. Já o cardeal Scherer era conservador, avesso às inovações teológicas, embora afável de trato. Tive com ele momentos difíceis, o que não impediu que me enviasse, no Dops de Porto Alegre, em 1969, as obras completas de Santa Teresa de Ávila. Mais tarde, visitou os presos políticos recolhidos ao Presídio Tiradentes, em São Paulo.

Com o cardeal Aloísio Lorscheider, que figurou entre os candidatos ao papado na eleição de Karol Wojtyla, mantive contatos esporádicos, amigáveis, ao longo dos anos. Professor de Dom Cláudio, ele se caracterizava pelo absoluto desprendimento ante as vaidades mundanas. Atencioso, paciente, teologicamente culto, era quase um monge de clausura. Como presidente da CNBB e do Celam marcou a Igreja do Brasil e do Continente.

Dom Paulo Evaristo Arns é o meu cardeal do coração. Tornou a Igreja de São Paulo mais evangélica, servidora e promotora dos pobres, incentivou os movimentos sociais e impulsionou a Comissão de Justiça e Paz e os centros de defesa dos Direitos Humanos Clamor e Santo Dias.

Trabalhamos juntos no projeto *Brasil — Nunca Mais*. Guardo vivas na memória suas visitas aos presos políticos e a coragem profética com que defendeu os direitos humanos sob o regime militar.

Por sua atuação nos anos de chumbo, o cardeal Arns merecia o Prêmio Nobel da Paz.

O PROSCRITO

Em homenagem a Leonardo Boff

DETERMINA A PREPOTÊNCIA QUE AS FLORES DEVEM VICEJAR FÚnebres, sem pétalas nem corolas, exalando o cheiro fétido da morte para envenenar abelhas. Se a fé resplandece como luz no caminho dos pobres, seja proclamada anátema, pois a noite é a matriz da inteligência, e a autoridade, encastelada em sua torre, vigia de um deus prisioneiro.

Em tempos de escravidão, pune-se quem proclama o contrário e pretende reverter a história. Só a insensatez é capaz de admitir que um assassino, de nome Moisés, ouse sonhar em suplantar a supremacia do faraó. Que toda greve seja severamente punida, para que as parteiras não permitam o nascimento da criança rebelde! Prendam o anjo que ameaça os primogênitos, apaguem o sangue dos cordeiros gravado nas portas, façam secar o Mar Vermelho e passar, incólumes, os cavalos egípcios! Mas não deixem que o Deus desse povo oprimido se incruste no tecido histórico, nem que a fé queira transpor o limite da alma para também salvar corpos.

Aleluia, aleluia! Graças sejam dadas, na hipocondria televisiva, ao poder de cura dos fiéis, pois medicina e médicos devem permanecer privilégios de uma casta que faz do Espírito uma questão de marketing. Cale-se o teólogo que propõe resgatar a natureza solidária, prenhe de justiça, da comunhão trinitária. Dispam-no da boa fama, cubram-no de opróbrio, proíbam-lhe os livros, cortem-lhe as mãos e, se possível, a cabeça, para que nenhum paradigma permita ao vulgo descobrir a medíocre teologia dos proprietários privados de Deus. Em terra de cego quem tem um olho é deficiente físico. Urge submeter todo direito e deixar que o amor, tão perigosa palavra, esvaia-se como mero conluio carnal impregnado de pecado, pois não convém à santa imposição que lhe seja reconhecida a sagrada condição de principal atributo divino.

Ainda que ninguém conheça os nomes dos que crucificaram Jesus, perseguiram Paulo, conspiraram contra Galileu, queimaram Giordano Bruno, assassinaram Gandhi e Luther King, é preciso exaltar o mérito desta ingrata missão de separar o puro do impuro. Agora, tudo será diferente! Pode-se controlar a mídia e aplicar a excomunhão, não a inveterados hereges, mas aos órgãos de imprensa que transgridam normas canônicas. Basta manter editoras sob censura e eles estarão definitivamente proscritos. Pois é preciso que todos aprendam, de uma vez por todas, que hierarquias são intocáveis, assim como sempre haverá pobres entre nós. Por que insistir em inverter a ordem natural das coisas?

Sim, no fundo da alma, onde jamais se suprime aquele resquício da consciência em que o Deus inquieto faz sua morada, há ainda quem acredite que a verdade está do outro lado, a democracia é valor universal, o amor é o inefável reconhecimento do outro; a mística, o deixar-se povoar por Aquele que, ao entrar, faz-nos sair.

Mas isso são categorias românticas, boas para acalentar corações, porém incompatíveis com as leis soberanas do mercado. Afinal, Deus é misericordioso e haverá de compreender que tanto excesso de zelo exige momentos de um bom caviar, o aromático buquê de um vinho importado e talheres de prata. É bom manter, todavia, as janelas bem fechadas, porque os pobres estragam a paisagem e podem pensar que o brilho dos talheres é o sinal que os convida à mesa.

FREI MATEUS ROCHA

Quando ingressei na jec de Belo Horizonte, em 1959, o assistente já era frei Chico, sucessor de frei Mateus Rocha. Este fora eleito, aos 32 anos, provincial dos dominicanos do Brasil — cargo que voltaria a ocupar por mais duas vezes ao longo da vida. Malgrado a disposição de frei Chico, tudo e todos estavam ainda impregnados pelo afável carisma de frei Mateus, mineiro de Dom Silvério. Da França, onde estudara Teologia, ele trouxera as ideias sociais do padre Lebret, do movimento Economia e Humanismo, tornando a preciosa obra do dominicano francês, *Princípios para a ação*, uma espécie de catecismo jecista. Também a filosofia tomista de Jacques Maritain e o *engagement* político de Emmanuel Mounier viriam a constituir fontes de inspiração para o setor estudantil da Ação Católica de Minas.

Havia algo mais do que uma obstinada vocação apostólica naquele frade precocemente careca (quase sempre coberta pela boina azul), de sorriso cativante, que gostava de contar anedotas picantes, como se quisesse demonstrar que pecado é algo muito sério para ser cometido por uns pirralhos cheios de escrúpulos diante da intrigante descoberta da sexualidade.

Socialista utópico, a frei Mateus nunca interessou o marxismo clássico e, em política, preferia as análises aos embates diretos. Sua Rússia era aquela das obras de Tolstói e do pensamento de Berdiaeff. Acalentava o sonho de, dentro de vinte anos, ver seus jovens discípulos, entre os quais Paulo Haddad, no poder — ao menos em Minas Gerais —, engendrando novas relações sociais, como que derivadas da vontade sadia e da inteligência iluminada por valores evangélicos.

Frei Mateus era rigorosamente um personalista, no sentido que Mounier deu ao termo. Para ele, cada pessoa transparecia como valor absoluto. Dotado de poderes mnemônicos, jamais esquecia o nome ouvido uma única vez. Prosador, para ele a difícil arte de "perder" tempo com os amigos fluía com naturalidade, sem o ranço conspiratório dos padres sobrecarregados de deveres e vazios de amor.

JEC — *O Evangelho no colégio* foi, com certeza, o best-seller de frei Mateus. Em todo o país, a obra impulsionou o movimento, imprimindo-lhe certas afinidades. O uso correto do método Ver-Julgar-Agir viria mesmo a marcar o estilo da Igreja Católica no Brasil, tornando-a sensível à realidade social na qual se insere.

Aquela primeira geração de jecistas constituiu, ao longo de 62 anos da vida de frei Mateus, a sua verdadeira família, da qual era o patriarca querido e sempre consultado por seus filhos espirituais — de crises conjugais a impasses políticos. Alguns, como Betinho e Laércio Campos, mantiveram com ele uma ligação afetuosamente umbilical.

Vejo-o agora em Belo Horizonte, de hábito branco, tonsura e, entre os dedos amarelados, o inseparável cigarro Lincoln. Atento às confidências de cada estudante que o procurava, andava para cá e para lá no salão sem cadeiras do antigo cine São Luiz, na rua Espírito Santo, quase esquina com a avenida Augusto de Lima.

Dominicano medular, jamais propunha a seus dirigidos fórmulas ou soluções — e muito menos o domínio ascético da vontade, como se a carne fosse inimiga do espírito. Preferia a via da inteligência, peripateticamente estimulada em longas conversas na sede da JEC ou no convento, no alto do bairro da Serra.

De rosto muito branco, barba sempre bem-feita, olhos perscrutadores, frei Mateus exalava forte empatia por cada interlocutor. Sabia mais ouvir do que falar, embora fosse exímio pregador, desses que jamais cansam os fiéis porque sabem inovar no modo de anunciar a boa-nova. Sempre otimista, tinha o sorriso farto, tombando para trás a cabeça e deixando à mostra os dentes encardidos pela nicotina.

A construção de Brasília o entusiasmou. Propôs que se edificasse ali um convento destinado à formação da nova geração de dominicanos — universitários atraídos por seu magnetismo. Oscar Niemeyer fez-lhe o projeto do que seria o primeiro convento de seu acervo, e doaram-lhe um terreno anexo ao campus da Universidade de Brasília, da qual ele foi o primeiro vice-reitor, na gestão de Darcy Ribeiro, que o indicou para a reitoria ao assumir a Casa Civil de João Goulart. Frei Mateus permaneceu reitor até que o golpe militar de 1964 lhe arrancasse o cargo e pusesse por terra o sonho de construir o convento de estudos. Ameaçados de expulsão do país pelo general Castello Branco, nunca mais os dominicanos retornariam para se instalar em Brasília.

Abatido pelo terror militar que caçava e cassava inúmeros de seus discípulos, frei Mateus exilou-se no sítio que comprara em Abadiânia, a meio caminho entre Anápolis e a nova capital. Cercado de livros e verduras, deixava-se embeber pela sabedoria popular de Zé da Rita, seu caseiro, recebia amigos e, como Abraão, esforçava-se por esperar contra toda esperança. Sobre a careca, o chapéu de palha.

Trocara o hábito por calças rancheiras e camisas de duplo bolso, um para o maço de cigarros, outro para a caixa de fósforos. Ali passei com ele duas ou três temporadas, nas quais cozinhávamos em fogão a lenha e invadíamos a madrugada em longas conversas que iam de Mestre Eckhart a Che Guevara. Impressionava-me como aquele *staretz* vivia obcecado por Jesus Cristo, de quem falava com amor e ardor. Naquela simples choupana, ele transformou as anotações de seus cursos pastorais, em Goiânia, na obra *Projeto de vida radical*, uma lúcida reflexão crítica sobre a vida religiosa.

Ao início da década de 1970, frei Mateus assessorou a organi-zação da comunidade rural de Uru, próxima a Uberlândia. Naquele grupo de jovens oriundos da contestação estudantil de 1968, ideo-logicamente de esquerda e espiritualmente cristão, ele identificava o sonho de ver realizadas suas utopias comunitárias.

Em Uru — que visitei diversas vezes após sair da prisão, em 1973 — não havia senão a propriedade particular de poucos objetos pessoais. Tudo o mais era comum: a terra; o trabalho e seus frutos; a educação dos filhos; as reflexões políticas; as celebrações litúrgicas.

Contudo o socialismo não cabe num retalho de terra cercado de ambições capitalistas por todos os lados.

O paraíso comunitário de Uru viu-se privado de vida mais longa por não suportar as pressões da economia de mercado e dessa espécie de turismo político e pastoral que transforma certas iniciativas em alvo de contínuas peregrinações.

Pouco antes de ver face a face Aquele a quem mais amava, frei Mateus assumira, com Laércio Campos, a difícil empreitada de reunir os antigos militantes da Ação Católica de Belo Horizonte, num esforço que, para uns, vinha em resposta à expectativa de encontrar vinho novo em odres velhos e, para outros, era visto como uma tentativa de reeditar o passado.

Participei do encontro em Cachoeira do Campo, no histórico colégio Dom Bosco, onde a boa vontade revelada no afetuoso reencontro de velhos companheiros não coincidiu com a variedade de interesses pastorais e políticos. A Babel foi inevitável entre os que, inserindo-se na dinâmica pastoral da Igreja no Brasil, sonhavam em recriar os anos dourados da Ação Católica, e os que perseguiam interesses eleitoreiros, preocupados em ampliar ali suas bases de apoio político.

Meses depois os organizadores daquele encontro — frei Mateus e Laércio Campos — se encontrariam no Céu, deixando-nos cada vez mais órfãos de profetas que ousam fazer das utopias uma crítica implacável de nossas mesquinhas ambições.

Meus últimos contatos com frei Mateus foram no convento das Perdizes, em São Paulo, no decorrer de seu terceiro provincialato. Dera-me seu apoio ao trabalho iniciado em países socialistas, autorizando a continuação de minhas viagens. Merecidamente dediquei também a ele *Fidel e a religião*, frisando que, com ele, aprendi a dimensão libertadora da fé cristã.

MEU PAI, FREI DOMINGOS

Foi com profundo sentimento de alegria pascal que contemplei a transvivenciação de frei Domingos Maia Leite. Pois, à luz da fé que o impregnava, ele alcançou a merecida plenitude de sua comunhão com Deus.

A vida que temos imprime sentido à morte que teremos. Quem faz da existência mero acúmulo de bens teme a morte por não suportar a perda inelutável. Só quem nada reteve para si e tudo deu de si, como frei Domingos, acolhe o outro lado da vida como uma criança se joga nos braços da mãe ao distingui-la entre a multidão.

Tenho a graça de ser dominicano porque convivi com homens da estatura moral e cristã de frei Domingos. De olhos miúdos, gestos precisos, andar agitado e fala contundente, era incansável em sua perene juventude. Deixou obras em nossas igrejas e conventos, mas a mais expressiva de todas foi o modo como assumiu a defesa intransigente de seus irmãos atingidos pela ditadura militar.

Frei Domingos era nosso provincial quando fomos presos, em 1969. Sua primeira reação nada teve da mineirice de quem, por precaução, quer antes ouvir as duas partes e versões. Não pôs na mesma balança a opressão e a luta pela liberdade, a tortura e a esperança de um Brasil justo.

Respaldado pela grandeza de frei Edson, Domingos agiu como pai e irmão: jamais acatou a versão da polícia, indignou-se contra cardeais e bispos omissos, mobilizou a opinião pública internacional e, especialmente, Roma — do Mestre da Ordem ao papa Paulo VI — em nossa defesa.

Porque tinha muita fé, frei Domingos jamais conheceu o medo. Pequeno na estatura, enfrentou com galhardia delegados e torturadores, juízes e diretores de presídios, generais e autoridades civis. E, graças a ele, os restos mortais de frei Tito de Alencar Lima retornaram ao Brasil.

O que é ser dominicano? Segundo a inspiração de São Domingos, fundador da Ordem, e o exemplo deste goiano, é ser profeta, ou seja, intuir a ação da graça de Deus nos meandros da história humana. Pregar é revelar, arrancar o véu que impede os nossos olhos de verem o que a luz da fé ilumina.

Agora, só nos resta agradecer a Deus o dom da vida de frei Domingos Maia Leite. Há tempos, ele já havia mergulhado no outro lado da existência, como se o Espírito de Deus lhe tivesse antecipado a visão beatífica, embora seu corpo permanecesse entre nós.

Vejo-o agora nos jardins do Céu a passear em companhia de frei Tito e frei Henrique. Eles, enfim, sabem que, para os irmãos de Jesus, a vida é terna.

FREI CARLOS JOSAPHAT

FREI JOSAPHAT FALECEU EM GOIÂNIA A 9 DE NOVEMBRO DE 2020, cinco dias após comemorar 99 anos. Mineiro, ingressou no seminário de Diamantina, em Minas, aos doze anos e estudou Filosofia e Teologia em Petrópolis, no Rio. Foi ordenado sacerdote em 1945.

Em 1953, padre Josaphat deixou os lazaristas e optou por ingressar na Ordem de São Domingos. Completou os estudos na França, onde conviveu com os teólogos Congar, Chenu e Karl Rahner. Foi amigo de filósofos como Jacques Maritain, Étienne Gilson e Emmanuel Mounier.

Retornou ao Brasil em 1963 e assumiu, em São Paulo, a função de regente de estudos dos frades dominicanos. Homem de muitos talentos, autor de *Evangelho e a revolução social*, publicado em 1962, conhecia em detalhes a vida e a obra de Santo Tomás de Aquino. Além de Teologia, dominava Filosofia, Psicologia, Ética, Economia Política e Comunicação Social.

No início de 1963, reuniu em São Paulo uma equipe de talentosos jornalistas, entre os quais Josimar Melo, Roberto Freire e Ruy do Espírito Santo, e fundou o semanário *Brasil Urgente*, de alcance nacional, cujo lema era "A verdade, custe o que custar; a justiça, doa a quem doer". O jornal propagava as encíclicas sociais do papa João XXIII e defendia as reformas de base do governo João Goulart, em especial a agrária.

O jornal foi empastelado e fechado pela ditadura militar em abril de 1964, depois que frei Josaphat, antevendo os rumos do país, já se havia autoexilado na Europa. A manchete da última edição

164

prenunciava: "Fascistas preparam golpe contra Jango!". Nossa igreja no bairro das Perdizes teve os muros pichados: "Fora padre comuna!".

Em 1965, na França, obteve o doutorado, com tese sobre Ética da Comunicação Social. Transferiu-se para a Suíça, onde lecionou, por quase trinta anos, Ética da Comunicação na Universidade de Friburgo.

Retornou ao Brasil em 1994, para lecionar na Escola Dominicana de Teologia, em São Paulo. Entre suas obras se destacam estudos pioneiros sobre frei Bartolomeu de las Casas; a ética tomista; e a convergência entre Tomás de Aquino e Paulo Freire.

Homem de permanente sorriso e visceral otimismo, a simplicidade de sua mineirice evitou que ostentasse sua vasta erudição. Autor de 63 livros e inúmeros artigos, nos últimos anos trocou o convento de São Paulo pelo de Goiânia, para merecer os cuidados que a sua avançada idade exigia. Foi sepultado em sua terra natal, Abaeté, em Minas, como tanto queria.

FREI GIL
(1903-1990)

Em 1990, o Senhor quis abrir outubro, mês das missões, com uma grande festa no Céu. E convocou um convidado de honra merecida por ter dedicado grande parte de sua vida à convivência com povos indígenas do Araguaia e do Xingu: frei Gil Gomes Leitão. Na madrugada do dia 2, nosso confrade sofreu um infarto enquanto dormia, no convento dominicano de Belo Horizonte, e partiu como um pássaro que abre asas e voa.

Frei Gil era maranhense de Imperatriz, onde nasceu em 9 de dezembro de 1903. Foi uma das primeiras vocações brasileiras à Ordem Dominicana, aqui implantada em fins do século XIX. Tendo cursado Filosofia e Teologia em Saint-Maximin, na França, recebeu o título de *lector* em Teologia e formou-se em Antropologia pelo Museu do Homem, em Paris.

Em 1929, instalou-se como missionário em Conceição do Araguaia, fundada pelos dominicanos como posto avançado das missões entre indígenas. Dois anos depois, frei Gil deslocou-se para Porto Nacional, em Goiás, onde exerceu as funções de professor e diretor do seminário diocesano.

Assumiu, em 1943, a direção da Escola Apostólica que a província dominicana mantinha em Juiz de Fora. Porém os cursos de Filosofia e Teologia do convento das Perdizes, em São Paulo, exigiram sua presença no ano seguinte como responsável pelas cátedras de Lógica e Metafísica. Sua vocação, entretanto, eram os povos indígenas. E, em 1951, rumou para Marabá, na Amazônia, para nunca mais retornar, exceto quando vinha ao sul recolher provisões, rever amigos ou tratar da saúde.

Baixo, troncudo, de pele muito morena, rosto austero e bem-talhado, se frei Gil não trazia do berço traços indígenas não há dúvidas de que a convivência acabou por dar-lhe perfil semelhante. Falava manso, dono absoluto do tempo, narrando histórias do sertão e das aldeias. A todos convidava para visitá-lo em Marabá. Foi o primeiro a entrar em contato, em 1953, com o povo Xikrin. E, em 1958, exerceu papel importante na aproximação com os Gaviões. Mas, durante vinte anos, sua família foi a nação dos Suruís, no Xingu.

Durante a guerrilha do Araguaia, na década de 1970, o nome de frei Gil foi listado pela repressão como suspeito de apoiar militantes do PCdoB nas selvas da Amazônia. Cercado um dia por uma patrulha militar, exigiram a sua identidade. Ao ver a carteira, os oficiais começaram a rir, zombando daquele homem cujo nome de registro era Dulce. E, antes de dispensá-lo, indagaram:

— O senhor não conhece por aqui um tal de frei Gil?

— Outra pessoa aqui com este nome eu não conheço não senhor — respondeu o frade antes de seguir livre seu caminho.

Em sua prática missionária, frei Gil foi sem dúvida um pioneiro em muitos dos novos conceitos antropológicos na relação entre indígenas e não indígenas. Enquanto ele agora conta a São Pedro os casos da floresta, fica-nos a inestimável herança de seu testemunho como cristão e religioso, e de sua consagração de vida aos excluídos.

FREI GUILHERME CHEGA AO CÉU

São Pedro,

Este homem miúdo, envergado, de passos lentos, bochechas róseas e sorriso infantil, que chegou ao Céu no alvorecer de 24 de janeiro de 2001, é frei Guilherme Nery Pinto. Convivemos muitos anos na mesma comunidade, no convento dominicano do bairro das Perdizes, em São Paulo, do qual ele era o fiel cronista. Anotava em cadernos os fatos relevantes de nossa vida comunitária.

Acolha-o, São Pedro, como ele sempre nos recebeu, com uma liberdade de espírito raramente encontrada em jovens de hoje. De todos os meus confrades, era o que eu mais amava. Graças a seus conselhos, sou infiel a vaidades e ambições.

Olhos vesgos muito abertos, a mão direita espalmada junto à orelha para facilitar a audição, os lábios em movimento, como se mastigasse as ideias, frei Guilherme gostava de um bom papo. Era um leitor voraz, afeito aos clássicos. Quando eu precisava da indicação de um livro em nossa biblioteca, adotava a via mais curta e o consultava. Deixou-me a impressão de que trazia na cabeça cada um dos milhares de volumes ali abrigados.

Frei Guilherme, São Pedro, foi um monge de clausura. Desde 1965, abandonou as cátedras de Filosofia e Teologia, para as quais se formara na França; depois, a pregação e, recolhido ao silêncio, entregou-se a uma intensa vida de oração. Nunca deixou, porém, de atender no parlatório seus amigos e penitentes, com quem se entretinha também ao telefone. Interessava-se sempre pelo que se passava no Brasil e no mundo. Levava hoje para o quarto os jornais de ontem e lia-os com atenção, sobretudo o noticiário político.

Eram raras a saídas de frei Guilherme. Só em caso de consulta médica. Ou para votar em candidatos progressistas. Se o fazia, era sempre de hábito, que nunca desvestiu. Andava lento, como se a corcunda evidente lhe pesasse. Conhecido no bairro, suas eventuais aparições na rua eram motivo de alegria para taxistas, barbeiros e padeiros, conquistados pelo afeto que dele emanava.

Dê-lhe prioridade na entrada do Céu, São Pedro, pois frei Guilherme não esperou a morte. Foi ao encontro dela, como quem traz no coração uma inelutável saudade do Amor eterno. No decorrer dos últimos dois anos aguardou, na cama, que ela viesse buscá-lo, como uma noiva a seu noivo. Agora, São Pedro, faça-lhe a festa de núpcias.

E não esqueça que ele, como bom goiano, gosta de muito arroz no prato e de uma cervejinha gelada, que nunca dispensava nas refeições.

MEU AMIGO DOM LUÍS

DOM LUÍS FERNANDES ERA UM BISPO-COMPANHEIRO QUE APRENDI a amar e admirar quando, ao sair da prisão, fui acolhido por ele e Dom João Batista da Mota Albuquerque em Vitória, cuja Igreja eles pastoreavam. Ali vivi entre 1974 e 1979. Ali descobri o jeitão sertanejo deste bispo que largou o Nordeste por uns tempos, mas o Nordeste nunca o largou.

Era de muito ouvir e pouco falar. Escutava sentado, mexendo as mãos em gestos amplos e suaves, emitindo uma interjeição aqui, um suspiro ali, sempre atento, sem nunca demonstrar emoção. Mas, quando falava, soltava o verbo cantado e o fraseado repetido, como se a ideia precisasse entrar fundo no chão da mente para não ser esquecida. E seu falar era prenhe de interrogações, dialogal.

Luís avançava em idade, mas não envelhecia. Puxava do coração o sorriso maroto, a gargalhada alegre, arregalando os olhos de felicidade. Se ficava triste, ninguém sabia, ninguém via.

Apóstolo dedicado, foi dele a proposta de promover os encontros intereclesiais das Comunidades Eclesiais de Base. Houvesse chuva e trovoada, este bispo da base não se abalava. Tinha sempre uma palavra de esperança, uma coragem mansa de enfrentar seus parceiros no episcopado, uma decisão de cabra duro na queda, que nunca deixava o alento do pobre esmorecer.

Lia muito, mas sem exibir erudição. Sua presença, em qualquer encontro ou roda, era sempre suave, mas decidida. Amigo dos amigos, nunca perdia de vista em afeto. Viajava léguas para matar saudades e sabia gostar sem pudor, só amor.

Em Dom Luís encontrei meu modelo de bispo — aquele que faz a ponte. Entre o povo e a hierarquia, a Igreja pré-conciliar e a que nasce das CEBS, gente da elite e gente da base. Se olhava para o passado era para, no presente, ver mais claro o caminho de futuro. Nunca encontrei ninguém com mais fé no Espírito Santo, como guia da Igreja, do que Dom Luís Fernandes.

Certa vez, em viagem de Conselheiro Lafaiete, em Minas, a Vitória, caiu um forte temporal e uma pedra de granizo quebrou o vidro da frente do fusca do bispo. Luís e eu prosseguimos ensopados, rindo muito, até encontrar uma oficina. Foi então que descobri o segredo de Dom Luís: ele nunca traiu o menino que o habitava. Era essa candura que fazia dele uma pessoa excepcional e um amigo tão transparentemente evangélico.

Senhor, Deus da vida, obrigado pela vida de Dom Luís, que nos deixou em 2003. E pela graça de ter sido amigo dele, em fraternura.

VI

IV

CARTA ABERTA A ERNESTO CHE GUEVARA

QUERIDO CHE,

Passaram-se muitos anos desde que a CIA te assassinou nas selvas da Bolívia, a 8 de outubro de 1967. Tinhas, então, 39 anos de idade. Pensavam teus algozes que, ao cravar balas em teu corpo, após te capturarem vivo, condenariam tua memória ao olvido. Ignoravam que, ao contrário dos egoístas, os altruístas jamais morrem. Sonhos libertários não se confinam em gaiolas como pássaros domesticados.

A estrela de tua boina brilha mais forte; a força dos teus olhos guia gerações nas veredas da justiça; teu semblante sereno e firme inspira confiança nos que combatem pela liberdade. Teu espírito transcende as fronteiras da Argentina, de Cuba e da Bolívia e, chama ardente, ainda hoje inflama o coração de muitos revolucionários.

Mudanças radicais ocorreram nas últimas décadas. O Muro de Berlim caiu e soterrou o socialismo europeu. Muitos de nós só agora compreendemos tua ousadia ao apontar, em Argel, em 1962, as rachaduras nas muralhas do Kremlin, que nos pareciam tão sólidas. A história é um rio veloz que não poupa obstáculos. O socialismo europeu tentou congelar as águas com o burocratismo, o autoritarismo, a incapacidade de estender ao cotidiano o avanço tecnológico propiciado pela corrida espacial. Sobretudo, revestiu-se de uma racionalidade economicista que não deitava raízes na educação subjetiva dos sujeitos históricos: os trabalhadores.

Quem sabe a história do socialismo seria outra, hoje, se tivessem dado ouvidos às tuas palavras:

> "O Estado às vezes se equivoca. Quando ocorre um desses equívocos, percebe-se uma diminuição do entusiasmo coletivo devido a uma redução quantitativa de cada um dos elementos que o formam, e o trabalho se paralisa até ficar reduzido a magnitudes insignificantes: é o momento de retificar".

Che, muitos de teus receios se confirmaram ao longo desses anos e contribuíram para o fracasso de nossos movimentos de libertação. Não te ouvimos o suficiente. Da África, em 1965, escreveste a Carlos Quijano, do jornal *Marcha*, de Montevidéu:

> "Deixe-me dizê-lo, sob o risco de parecer ridículo, que o verdadeiro revolucionário é guiado por grandes sentimentos de amor. É impossível pensar num revolucionário autêntico sem esta qualidade".

Essa advertência coincide com o que o apóstolo João, exilado na ilha de Patmos, escreveu no Apocalipse há dois mil anos, em nome do Senhor, à igreja de Éfeso: "Conheço-vos a conduta, o esforço e a perseverança. Sei que não suportais os maus. Apareceram alguns dizendo que eram apóstolos. Vós os provais e descobristes que não eram. Eram mentirosos. Sois perseverantes. Sofrestes por causa do meu nome e não desanimastes. Mas há uma coisa que eu reprovo: abandonastes o primeiro amor" (2, 2-4).

Alguns de nós, Che, abandonaram o amor aos pobres que, hoje, se multiplicam na Pátria Grande latino-americana e no mundo. Deixaram de se guiar por grandes sentimentos de amor para serem absorvidos por estéreis disputas partidárias e, por vezes, fazem de amigos inimigos e dos verdadeiros inimigos aliados. Minados pela vaidade e pela disputa de espaços políticos, já não trazem o coração aquecido por ideais de justiça. Ficaram surdos aos clamores do povo, perderam a humildade do trabalho de base e, agora, barganham utopias por votos.

Quando o amor esfria, o entusiasmo arrefece e a dedicação retrai-se. A causa como paixão desaparece, como o romance entre um casal que já não se ama. O que era "nosso" ressoa como "meu", e as seduções do capitalismo afrouxam princípios, transmutam valores, e, se ainda prosseguimos na luta, é porque a estética do poder exerce maior fascínio que a ética do serviço.

Teu coração, Che, pulsava ao ritmo de todos os povos oprimidos e espoliados. Peregrinaste da Argentina à Guatemala, da Guatemala ao México, do México a Cuba, de Cuba ao Congo, do Congo à Bolívia. Saíste todo o tempo de ti mesmo, incandescido pelo amor que em tua vida se traduzia em libertação. Por isso, podias afirmar, com autoridade:

> "é preciso ter uma grande dose de humanidade, de sentido de justiça e de verdade, para não cair em extremos dogmáticos, em escolasticismos frios, em isolamento das massas. Todos os dias é necessário lutar para que este amor à humanidade se transforme em fatos concretos, em gestos que sirvam de exemplo, de mobilização".

Quantas vezes, Che, nossa dose de humanidade ressecou-se calcinada por dogmatismos que nos inflaram de supostas certezas e nos deixaram vazios de sensibilidade para com os dramas dos condenados da Terra! Quantas vezes nosso sentido de justiça perdeu-se em escolasticismos frios que proferiam sentenças implacáveis e proclamavam juízos infamantes! Quantas vezes nosso senso de verdade cristalizou-se em exercício de autoridade, sem que correspondêssemos aos anseios dos que sonham com um pedaço de pão, de terra e de alegria.

Tu nos ensinaste, um dia, que o ser humano é o "ator desse estranho e apaixonante drama que é a construção do socialismo, em sua dupla existência de ser único e membro da comunidade". E que este não é um produto acabado. "As taras do passado se trasladam ao presente na consciência individual e há que empreender um contínuo trabalho para erradicá-las."

Quiçá tenha nos faltado sublinhar com mais ênfase os valores morais, as emulações subjetivas, os anseios espirituais. Com o teu agudo senso crítico, cuidaste de advertir-nos:

> "o socialismo é jovem e tem erros. Os revolucionários carecem, muitas vezes, de conhecimentos e da audácia intelectual necessários para encarar a tarefa do desenvolvimento de um homem novo por métodos distintos dos convencionais, pois os métodos convencionais sofrem a influência da sociedade que os criou".*

Apesar de tantas derrotas e erros, tivemos conquistas importantes ao longo dessas décadas. Movimentos populares irromperam em todo o continente. Hoje, em muitos países, são mais bem organizados as mulheres, os camponeses, os operários, os indígenas e os negros. Entre os cristãos, parcela expressiva optou pelos pobres e engendrou a Teologia da Libertação. Extraímos consideráveis lições das guerrilhas urbanas dos anos 1960; da breve gestão popular de Salvador Allende; do governo democrático de Maurice Bishop, em Granada, massacrado pelas tropas dos EUA; da ascensão e queda da Revolução Sandinista; da luta do povo de El Salvador. No Brasil, o PT chegou ao governo com as eleições de Lula e Dilma a presidentes da República; na Guatemala, as pressões indígenas conquistam espaços significativos; no México, os zapatistas de Chiapas põem a nu a política neoliberal.

Há muito a fazer, querido Che. Preservamos com carinho tuas maiores heranças: o espírito internacionalista e a Revolução Cubana. Ambos hoje se intercalam como um só símbolo. Comandada por Fidel e Raúl, a Revolução Cubana resiste ao bloqueio imperialista, à queda da União Soviética, à carência de petróleo, à mídia que procura satanizá-la. Resiste com toda a sua riqueza de amor e humor, salsa e merengue, defesa da pátria e valorização da vida. Atenta à tua voz, desencadeia o processo de retificação, consciente dos erros cometidos

---

* Os trechos reproduzidos neste ensaio foram extraídos de "El socialismo y el hombre en Cuba", publicado em Ernesto Che Guevara: escritos y discursos. La Habana Editorial de Ciencias Sociales, 1977, pp. 253-272. (N. E.)

e empenhada, malgrado as dificuldades atuais, em tornar realidade o sonho de uma sociedade onde a liberdade de um seja a condição de justiça do outro.

De onde estás, Che, abençoes todos nós que comungamos teus ideais e tuas esperanças. Abençoes também os que se cansaram, se aburguesaram ou fizeram da luta uma profissão em benefício próprio. Abençoes os que têm vergonha de se confessar de esquerda e de se declarar socialistas. Abençoes os dirigentes políticos que, uma vez destituídos de seus cargos, nunca mais visitaram uma favela ou apoiaram uma mobilização popular. Abençoes as mulheres que, em casa, descobriram que seus companheiros eram o contrário do que ostentavam fora, e também os homens que lutam para vencer o machismo que os domina. Abençoes todos nós que, diante de tanta miséria a erradicar vidas humanas, sabemos que não nos resta outra vocação senão converter corações e mentes, revolucionar sociedades e continentes.

Sobretudo, abençoe-nos para que, todos os dias, sejamos motivados por grandes sentimentos de amor, de modo a colher o fruto do homem e da mulher novos.

FIDEL, O HOMEM QUE CABE DENTRO DE UM GRÃO DE MILHO

O TÚMULO DE FIDEL EM SANTIAGO DE CUBA É UM MONÓLITO EM forma de grão de milho. Nele não há nada além de uma simples placa: "Fidel". Ali dentro estão as cinzas de um homem que honrou o próprio nome. Foi fiel a seus princípios. E deixou em testamento — lido por Raúl Castro, na praça Antonio Maceo, em Santiago de Cuba, por ocasião da cerimônia fúnebre — a exigência de que seu nome e sua imagem "jamais sejam utilizados para denominar instituições, praças, parques, avenidas, ruas ou outros logradouros públicos, nem sejam erguidos em memória monumentos, bustos, estátuas e outras formas similares de tributo".

Eis a ordem mais iconoclasta contra o culto da personalidade. Contra essa religiosidade laica que procura endeusar figuras humanas. "Toda a glória do mundo cabe em um grão de milho", expressou Fidel ao citar José Martí, na noite em que nos conhecemos, em Manágua, 19 de julho de 1980, data de comemoração do primeiro aniversário da Revolução Sandinista.

O líder da Revolução Cubana me desconcertou. É normal que cada um de nós crie na cabeça imagens de pessoas notórias com quem jamais poderíamos nos encontrar, devido à diferença de épocas. Trago em mim imagens de Jesus, Giordano Bruno, Marx, Lênin e Gandhi. Trago também na mente a ideia de como seriam certas pessoas, como Che, Camilo Cienfuegos, Celia Sánchez, Haydée

Santamaría e outros expoentes da história da Revolução Cubana, com quem jamais cruzei.

Assim também Fidel ocupava o meu imaginário desde os meus quatorze anos, quando foi celebrada a vitória da Revolução, em 1959. Desde os treze eu já era um militante cristão de esquerda.

Em Manágua, Fidel não correspondeu à imagem que eu tinha dele. Achei que não teria a menor chance de trocar meia dúzia de palavras com ele, e já me dei por satisfeito quando, ao chegar à casa de Sergio Ramírez, então vice-presidente da Nicarágua, ele apertou a mão de Lula e a minha. Foi uma grata surpresa ser informado de que, terminada a recepção, Fidel tinha interesse em conversar conosco. Conversa que se iniciou às duas da madrugada e terminou às seis da manhã, testemunhada pelo comandante Manuel Piñeiro e por Chomy Miyar.

Ao contrário do que eu esperava, Fidel não citou clássicos do marxismo. Mencionou um nome até então pouco conhecido por mim: José Martí. Surpreendeu-me ainda mais quando, ao longo da noite, permitiu que eu falasse mais do que ele. Sabia de seus longos discursos. Da prisão, havia acompanhado, pela Rádio Habana Cuba, sua emulação na famosa colheita de cana de açúcar, em 1970. No entanto, ali, à minha frente, o gigante revolucionário demonstrava mais interesse em perguntar do que discursar. Além de martiano convicto, ele se me revelou um hábil socrático na aplicação do método maiêutico!

De que falamos? Da luta armada contra a ditadura militar do Brasil, da qual eu havia participado? De Carlos Marighella, que ambos havíamos conhecido e de quem éramos admiradores? Nada disso. Falamos de religião! Fidel se mostrava interessado nas Comunidades Eclesiais de Base e na Teologia da Libertação. Demonstrava a curiosidade não de um observador neutro que, de fora, examina um novo fenômeno. E sim de alguém que tinha empatia com o assunto, pois passara mais de dez anos de sua vida escolar como aluno interno em instituições religiosas. Conhecia a Igreja Católica, sua doutrina e ritos, e também a Bíblia, como depois se comprovaria cinco anos mais tarde na entrevista que me concedeu publicada em *Fidel y la religión*.

Ali nasceu uma amizade que durou enquanto ele viveu, por mais 36 anos. Ao longo desse período nos encontramos em todas as visitas que fez ao Brasil. E, como aceitei sua proposta de colaborar na reaproximação entre governo e bispos católicos de Cuba, passei a fazer frequentes viagens à Ilha, conforme relato no livro *Paraíso perdido — Viajes por el mundo socialista*, lançado em 2017 na Feira do Livro de Havana.

Fidel costumava me chamar para conversar madrugada adentro. Ora em seu gabinete, no Palácio da Revolução, ora na casa de protocolo na qual eu me hospedava. Às vezes em seu carro, conduzido lentamente pelas ruas da Havana.

Recordo um dia histórico, em março de 1988. Fidel chegou de surpresa na casa de protocolo, logo após o almoço, e me convidou para acompanhá-lo ao palácio. Não tinha nenhum assunto específico a tratar comigo. Queria apenas a minha companhia. Entre o Laguito e o Palácio da Revolução, o carro fez um trajeto que me pareceu inusitado, atravessando por dentro o Parque Lênin. Logo, uma viatura das FAR nos interceptou. Desceu um general cujo nome não registrei. Fidel desembarcou, e os dois se falaram brevemente naquela área descampada. O militar lhe estendeu um papel. Ele leu atentamente e seus olhos brilharam. Ao retornar ao carro, contou-me que os cubanos acabavam de vencer, em Angola, a importante batalha de Cuito Cuanavale, que resultou na independência da Namíbia e apressou o fim do regime sul-africano de segregação racial.

Fidel em família

Fidel tinha plena consciência de seu papel histórico. E isso não o envaidecia. Ao contrário, fazia-lhe sentir o peso da responsabilidade. Havia aprendido com Martí que o importante era ser ético e lutar pela libertação de seu povo. Por isso, mantinha hábitos simples.

Quando, pela primeira vez, convidou-me à sua casa, logo após passar o comando a Raúl, fiquei surpreso ao verificar que morava com sua mulher, Dalia, em uma casa sem luxos e ostentações. Uma residência muito inferior às mansões do serviço de protocolo de Cuba, nas quais ficavam hospedados convidados do governo e personalidades. Ele comentou: "Devo ter sido o único chefe de Estado do mundo que nunca morou em palácio. Sempre preferi viver com a família em um lugar como este".

Tivemos muitos encontros e jantares em casa de Chomy Miyar, em companhia de Marina Majoli, Manuel Piñeiro, Mariano Rodríguez, Lupe Velis, Antonio Núñez Jiménez, Armando Hart, Eusebio Leal e outros. Fidel quase não bebia nem comia. E seu entusiasmo nos mantinha despertos até o amanhecer...

Após deixar o governo, Fidel me convidava à sua casa em quase todas as minhas visitas a Havana. As raras ocasiões em que não nos encontramos foram compensadas por um telefonema dele. Queria se justificar por não poder me receber. Tamanha delicadeza me fazia recordar que o gigante cabia, de fato, em um grão de milho. Não sou autoridade, nem bispo ou político, diplomata ou empresário. Só o mistério da amizade explica essa aproximação.

Sobre o que conversávamos? Fidel era movido à curiosidade. Queria saber onde e com quem eu estivera em Havana, do que falamos, como fora a missa em San Juan de Letrán, paróquia dos frades dominicanos, que autores eu andava lendo, qual a conjuntura do Brasil etc.

Desde que se editou em Cuba meu livro *La obra del Artista — Una visión holística del Universo*, Fidel passou a demonstrar interesse pelos temas de cosmologia e astrofísica. Assunto recorrente em nossos diálogos. Tanto que sempre que eu retornava a Havana trazia-lhe invariavelmente dois presentes: livros sobre os eventos do Universo e chocolates amargos.

Nosso último diálogo foi no sábado, 13 de agosto de 2016, dia em que completava noventa anos. Estive em sua casa em companhia de Homero Acosta. Elogiou o papa Francisco e fez comentários sobre a conjuntura internacional e os Jogos Olímpicos do Rio, que acompanhava pela tevê. E voltou ao tema que o encantava: a história de Jericó, cidade bíblica, a mais antiga do mundo habitada ininterruptamente há mais de 10 mil anos! Ergue-se em região desértica, em torno de um oásis. Ele indagava por detalhes que meu conhecimento não alcança.

"Deus os abençoe!". Assim eu me despedia de Fidel e Dalia. E eles acolhiam respeitosamente a minha saudação.

Hoje me sinto órfão de um pai que se tornou meu irmão. Tenho consciência de que ele ocupou um lugar singular na história do século xx. Para frustração de seus inimigos, morreu na cama, cercado por seus entes queridos. Foi o único revolucionário a falecer com tão avançada idade e a sobreviver quase 58 anos ao êxito da própria obra.

Agora Fidel repousa feliz dentro de um grão de milho.

PRESTES

O *TERCEIRO OLHO* — LÁ ONDE A INTUIÇÃO DENUNCIA A VERDADE quando mentimos e não nos permite fugir desta certeza de que Alguém (ou Algo) está sempre atento ao menor de nossos movimentos, do mais íntimo desejo ao desvio crônico que transforma nossa existência em inelutável equívoco — sabe realçar, entre tanta mediocridade, aqueles que possuíram a vida.

São raros, como alertava Brecht, porque a reificação imposta pela economia de mercado taxa barato o preço do existir, e — exceto aqueles que, subjugados pelo sistema, veem-se forçados a separar essência e existência, como os trabalhadores manuais — todo um projeto de vida pode ser comprado, como bijuteria de esquina, por um afago presidencial, um sorriso patronal, uma vaidade política ou um salário que infla os bolsos e deixa o coração vazio.

Luis Carlos Prestes, senhor de sua vida, foi um dos homens mais coerentes do século XX. Podemos não concordar com todas as suas ideias e posturas, mas a condição humana fica engrandecida quando nos é dada a honra de ser contemporâneos dele, de João XXIII, de Che Guevara ou de Chico Mendes. Em Prestes, o interesse coletivo transbordava, a ponto de levá-lo, como um São Francisco da esquerda, a relegar a plano terciário seus interesses individuais.

Capitão gaúcho; dirigente da Coluna que percorreu, no Brasil, percurso mais longo que a propalada Longa Marcha de Mao, na China; líder da Aliança Nacional Libertadora; secretário-geral do Partido Comunista. Cada dia de sua vida foi consumido na incessante busca da conquista desta esperança: o Brasil socialista, no qual a justiça não fosse apenas figura de retórica.

Conheci-o pela admiração de meu pai, que indiretamente a ele se uniu na luta contra a ditadura de Vargas. Na década de 1930, a barba de Prestes tinha a mesma força simbólica da barba de Fidel ou de Lula anos mais tarde. Em 1985, convivi com Prestes em Havana, durante o congresso sobre a dívida externa latino-americana. O "Velho", como o tratavam de modo carinhoso, era o comunista brasileiro que Fidel mais respeitava. Nem o assassinato de Olga Benário pela Gestapo, os dez anos que passou na prisão, as denúncias dos crimes de Stalin e o seu afastamento do PCB, somados ao avançar da idade, reduziram sua disposição revolucionária.

"Combateu o bom combate", diria São Paulo. Toda a sua vida foi de uma coerência evangélica que, à luz da fé, não me deixa dúvida de que, agora, o Pai o acolhe com ternura. O Céu não foi feito apenas para os cristãos, mas para aqueles que, mesmo sem fé, fazem de sua existência um ato de amor e justiça.

A morte de Prestes coincidiu com o fim de um modelo de socialismo, marcado pelo stalinismo e pelo burocratismo. Assim como não morreram com ele os revolucionários, é um engodo apregoar que o socialismo desabou com o Muro de Berlim.

Há bilhões de bocas pelo mundo que pagam, com sua fome, a fartura de alguns poucos. O capitalismo não é sinônimo de liberdade, exceto a de explorar legalmente. Portanto nem todos os sucos do McDonald's podem saciar essa sede de justiça que, traduzida em projeto político, exige a socialização dos bens e dos mecanismos de decisão política, enterrando para sempre essa maldita ideia de que há, neste mundo, pessoas que têm mais direitos do que outras.

LULA

Luiz Inácio Lula da Silva é pernambucano de Garanhuns, onde nasceu, segundo registra sua carteira de identidade, a 27 de outubro de 1945. Na opinião dos irmãos mais velhos, esta teria sido a data do batismo. A de nascimento, 6 de outubro. O fato é que, em outubro de 2002, ele ganhou presente duplo: votado para presidir o Brasil dia 6, ganhou a presidência dia 27.

O apelido "Lula" foi incorporado ao nome em 1982, por razões eleitorais. Penúltimo dos sete filhos de Eurídice Ferreira de Melo, a dona Lindu, e Aristides Inácio da Silva, passou a primeira infância nos oito hectares de terra onde a família plantava feijão, milho e mandioca para consumo próprio.

Quando Lula completou sete anos, em 1952, mãe e filhos viajaram treze dias de "pau de arara" do Nordeste a São Paulo, dividindo a pequena ração de farinha, queijo e rapadura. Vieram ao encontro do pai, que trabalhava como estivador no porto de Santos. Aluno do Grupo Escolar Marcílio Dias, onde cursou o primário, Lula ajudava o magro orçamento familiar engraxando sapatos ou vendendo laranja e tapioca na estação de barcas de Santos.

Em 1956, a família se mudou para a capital paulista. Morava na Vila Carioca, em um quarto e cozinha nos fundos de um bar. Aos doze anos teve seu primeiro emprego, como ajudante em tinturaria. Dois anos depois, ingressou em uma metalúrgica e obteve no Senai o diploma de torneiro mecânico.

Lula pisou pela primeira vez no Sindicato dos Metalúrgicos de São Bernardo do Campo e Diadema em 1967, quando trabalhava na indústria Aços Villares. Em 1969, foi eleito suplente de diretoria do sindicato e, em 1972, membro da diretoria executiva. Em 1975, assumiu pela primeira vez a presidência do sindicato, eleito com mais de noventa por cento dos votos da categoria. Reeleito em 1978, inovou as campanhas salariais, introduziu a luta pelo reajuste salarial e promoveu amplas mobilizações de massa.

A greve de 1979

Fevereiro de 1979. No Morumbi, Corinthians e Guarani decidiam o campeonato paulista. Na galera, torciam Lula, Devanir Ribeiro, Janjão e Alemão. Iniciava-se a campanha salarial dos metalúrgicos de São Bernardo do Campo e Diadema. A pauta de reivindicações incluía um aumento de 34,1 por cento, além do índice oficial, como reposição das perdas salariais. Vendo a multidão no estádio, Lula teve uma ideia: convocar uma assembleia sindical capaz de lotar um campo de futebol.

13 de março de 1979: 80 mil metalúrgicos em greve ocupavam o gramado e as arquibancadas do estádio da Vila Euclides, em São Bernardo do Campo. Sem microfone, Lula tinha o seu discurso repetido pelos que o ouviam, como ondas sucessivas de um lago atingido por uma pedra. Dois dias depois, quando 170 mil trabalhadores já estavam parados em todo o ABC, a greve foi considerada ilegal. Na madrugada de 22 para 23 de março, enquanto os metalúrgicos permaneciam em vigília no sindicato, de Brasília o ministro do Trabalho, Murilo Macedo, falava com o governador paulista, Paulo Maluf. Pouco depois, tropas da Polícia Militar ocupavam o sindicato.

A repressão ao movimento foi implacável. Com a Vila Euclides fechada, os trabalhadores faziam suas assembleias na Igreja Matriz de São Bernardo do Campo. Mas, ao discutir com os empresários a trégua de 45 dias no movimento, Lula exigiu e obteve a reabertura do estádio.

O 1º de maio daquele ano coincidiu com o período da trégua. Cento e cinquenta mil trabalhadores participaram do ato comandado por Lula na Vila Euclides, quando Vinicius de Moraes recitou

"O operário em construção" e correu a notícia de que o delegado Sérgio Paranhos Fleury, chefe do Esquadrão da Morte, morrera estranhamente afogado no litoral paulista.

Ao final da trégua, a 13 de maio, assinou-se um acordo razoável entre empresas e sindicato. A intervenção foi suspensa e a greve, encerrada. Embora reduzidos os ganhos salariais, o saldo político do movimento liderado por Lula fora significativo. Ao mobilizar todo o seu potencial repressivo, o governo revelara aos trabalhadores o seu caráter ditatorial; viera à tona a subserviência do poder público às multinacionais e a do ministério do Trabalho à Fiesp; a Lei de Greve ficou desmoralizada; a liderança de Lula e de seus companheiros de diretoria conquistara mais representatividade, pois mesmo com o sindicato sob intervenção, foram reconhecidos pelo governo e pelos patrões como únicos interlocutores legítimos.

A greve de 41 dias

Em 1980, Lula liderou a histórica greve de 41 dias. A campanha salarial dos metalúrgicos de São Bernardo do Campo e Diadema reivindicava, sobretudo, garantia de emprego, redução da jornada de trabalho para quarenta horas semanais, controle das chefias pelos trabalhadores e direito de livre acesso dos dirigentes sindicais nas empresas. Como os patrões se mostraram irredutíveis às negociações, a greve teve início a 1º de abril, quando 140 mil metalúrgicos cruzaram os braços.

A repressão ao movimento incluiu até helicópteros do Exército, que, armados de metralhadora, sobrevoaram as assembleias na Vila Euclides. Lula conseguiu que os trabalhadores não se deixassem intimidar. Enquanto cantavam o hino nacional, todos erguiam bandeirinhas do Brasil distribuídas pelo sindicato.

A 17 de abril, o ministro Murilo Macedo decretou a segunda intervenção no sindicato presidido por Lula, cassando seus diretores da vida sindical, mas sem conseguir que se afastassem do comando do movimento. No dia 19, às 6 da manhã, Lula foi preso, em sua casa, pelo Deops, numa operação coordenada pelo governo Paulo Maluf e que envolveu a prisão de inúmeros dirigentes sindicais em todo o ABC, inclusive sindicalistas e juristas da capital paulista.

No 1º de maio, Lula teve a alegria de saber, na prisão, que 120 mil pessoas haviam se reunido em uma manifestação em São Bernardo do Campo. A tristeza, poucos dias depois, foi obter permissão especial para, escoltado, comparecer à missa de corpo presente de sua mãe, dona Lindu. Como forma de pressão para que os patrões retomassem as negociações, Lula e seus companheiros de cárcere fizeram seis dias de greve de fome.

Em 20 de maio de 1980, Lula teve sua prisão preventiva revogada. Libertado, sua primeira atitude ao chegar em casa foi soltar os passarinhos da gaiola... Julgado pela Justiça Militar em novembro de 1981, recebeu a pena de três anos e seis meses de prisão. Posteriormente, o Superior Tribunal Militar anulou o processo.

A greve terminou a 11 de maio, com o saldo de um grande avanço político na organização e na consciência de classe dos metalúrgicos do ABC.

O Partido dos Trabalhadores

A proposta de se criar o PT surgiu no mesmo dia em que nasceu Sandro, filho de Lula: 15 de julho de 1979. No hotel Bahia, em Salvador, onde participava de um congresso dos petroleiros, Lula declarou à imprensa que chegara a hora de a classe trabalhadora criar o seu próprio partido político. Descobrira que a questão sindical é também uma questão política. No cenário político nacional, todos os partidos pretendiam ser a voz do povo, enquanto o próprio povo não tinha como expressar sua voz. Em janeiro de 1980, mais de oitenta deputados reuniram-se no Pampas Palace Hotel, em São Bernardo do Campo, para debater a proposta de criação do PT. Nenhum deles suportou assumir um partido classista, com grande disciplina e democracia internas, e com um programa nitidamente socialista.

Lula percorreu o Brasil para convencer a classe trabalhadora de que era inútil esperar que um Congresso Nacional repleto de empresários fizesse leis favoráveis aos assalariados. A primeira reunião histórica do PT realizou-se em janeiro de 1980, paradoxalmente num antigo reduto da burguesia paulista, o Colégio Nossa Senhora de Sion, no elegante bairro de Higienópolis. Intelectuais como Antonio Candido, Mário Pedrosa e Sérgio Buarque de Holanda logo aderiram à nova proposta partidária.

Em 1982, o PT, que já congregava 400 mil militantes em todo o Brasil, lançou Lula candidato a governador de São Paulo. Apesar da falta de recursos para a campanha e dos preconceitos de classe do eleitorado, ele obteve 1 milhão e 200 mil votos. Em 1986, elegeu-se à Assembleia Nacional Constituinte com 652 mil votos, o maior índice obtido por um deputado federal naquela eleição. Recebeu votos em 568 dos 572 municípios de São Paulo, sobretudo nas regiões industriais. Na Constituinte, sua atuação em favor dos interesses dos trabalhadores foi considerada exemplar pela imprensa especializada.

Reeleito presidente do partido desde sua fundação em 1980, Lula deixou o cargo em 1987, reforçando o princípio do rodízio na direção partidária. Desde então, tornou-se presidente de honra do PT. E ajudou a fundar a CUT, a CMP e o Instituto Cidadania, do qual foi presidente.

De 2003 a 2011, Lula ocupou a presidência da República, eleito para dois mandatos. Deixou o Planalto com 87 por cento de aprovação e ainda ajudou a eleger a sua sucessora, Dilma Rousseff.

ESQUERDA, RESGATE DO SONHO

PERTENÇO À GERAÇÃO QUE TEVE O PRIVILÉGIO DE FAZER VINTE ANOS nos anos 1960: Revolução Cubana, Che, Beatles, *O rei da vela*, manifestações estudantis, *Alegria, alegria*, Glauber Rocha, McLuhan, revista *Realidade*, Marcuse, maio de 1968, João XXIII, naves espaciais etc.

Era a geração dos sonhos. "Sonhar é acordar-se para dentro", lembra Mário Quintana. Estávamos permanentemente despertos. Nossas quimeras não eram acalentadas por drogas, mas por utopias.

Segundo a teoria psicanalítica, todo sonho é projeção de um desejo. Nossa geração desejava ardentemente mudar o mundo, instaurar a justiça social, derrubar a velha ordem.

O sonho se quebrou ao tocar a realidade. A ditadura militar (1964-1985) encarou como subversivos nossos protestos e conteve, com cassetetes e tiros, nossas passeatas. Nossos congressos estudantis terminaram em prisões e, escorraçados para a clandestinidade, não nos restou alternativa senão o exílio ou a resistência. Em nossas utopias os carrascos abriram feridas, e dependuraram nossos ideais no pau de arara. O que era canto virou dor; o que era encanto, cadáver. A roda-viva se encheu de medo e o nosso cálice de "vinho tinto de sangue".

Nossos paradigmas ruíram sob os escombros do Muro de Berlim. Não era o socialismo das massas nem os proletários no poder. Era o socialismo do Estado, pai e patrão, atolado no paradoxo de agigantar-se em nome do fim iminente da luta de classes. O economicismo, a falta de uma teoria do Estado e de uma sociedade civil forte e mobilizada levaram o rio das fantasias coletivas a transbordar sobre as pontes férreas dos engenheiros do sistema. O socialismo real saciava a fome de pão, não o apetite de beleza. Partilhava bens materiais e privatizava o sonho. Todo sonho estranho à ortodoxia era visto como diversionista, ameaçador.

Astuto, o capitalismo socializa a beleza para camuflar a cruel privatização do pão. Nele, todos são livres para falar; não para comer. Livres para transitar; não para comprar passagens. Livres para votar; não para interferir no poder. O Muro de Berlim ruiu e ainda hoje a poeira levantada embaça os nossos olhos.

Solteira de paradigmas, a esquerda às vezes parece uma donzela perplexa que, terminada a festa, não consegue encontrar o caminho de casa. Há muitos pretendentes dispostos a acompanhá-la, mas ela teme ser conduzida ao leito de quem quer estuprá-la. Ansiosa, envereda-se pelo labirinto do eleitoralismo e se perde no jogo de espelhos que exacerbam o narcisismo de quem se maquia no reflexo das urnas. Deixa-se arrastar pela rotatividade eleitoral, na qual ideais e programas são atropelados pela caça a votos e cargos. E quanto mais se aproxima das estruturas de poder, mais se distancia dos movimentos populares.

É bem verdade que, ao assumir a administração pública, investe em programas sociais, aprimora o acesso à saúde, educação, moradia e cesta básica. Contudo, desprovida de andaimes, não faz dessa massa um novo edifício teórico, alternativo à globocolonização neoliberal que execra a cidadania e exalta o consumismo, repudia os direitos sociais e idolatra o mercado.

A história cessou?

Fora da esquerda, não há saída para a miséria que assola o planeta. A lógica do capitalismo é incompatível com a justiça social. O sistema requer acumulação; a justiça, partilha. E não há futuro para a esquerda sem ética, utopia, vínculos com os pobres e coragem de dar a vida pelo sonho.

Hoje, o socialismo já não é apenas questão ideológica ou política. É também aritmética: sem partilhar os bens do planeta e os frutos do trabalho humano, os 8 bilhões de passageiros dessa nave espacial chamada Terra estarão condenados, em sua maioria, à morte precoce, sem o direito de desfrutar o que a vida requer de mais essencial para que sejam felizes: pão, paz e prazer.

Resta, agora, a esquerda acordar para o sonho.

RESGATE DA INDIGNAÇÃO

Nos anos 1950 e 1960, o movimento estudantil era a caixa de ressonância da conjuntura brasileira. Indignados com o aumento das passagens de bondes ou das anuidades escolares, em defesa do monopólio estatal do petróleo ou do minério (que "não dá duas safras"), nossa geração ocupava as ruas, promovia passeatas, jogava damas ou xadrez sobre o trilho dos bondes, manifestava seu protesto à ingerência estrangeira nos negócios internos do Brasil. Queríamos o Brasil para os brasileiros. A "questão nacional" era levada a sério. Anísio Teixeira propunha uma reforma educacional; Paulo Freire, um novo método de alfabetização de adultos; Roland Corbisier e sua equipe do Iseb um projeto alternativo de desenvolvimento. No Nordeste, Francisco Julião introduzia a sindicalização rural e Celso Furtado vinculava economia e desenvolvimento social.

Veio a ditadura militar e não abaixamos a cabeça. Indignados, fizemos da universidade trincheira de resistência, burlamos a censura, lutamos contra o retrocesso educacional introduzido pelo acordo MEC-Usaid. Havíamos criado um movimento cultural a partir de nossa realidade brasileira — o Cinema Novo, a bossa-nova, os teatros Arena e Oficina, jornais como *Opinião* e *Movimento*, *O Pasquim* e revistas como *Senhor* e *Realidade* — e já não queríamos ser meros consumidores dos produtos "*made in USA*". Mesmo sob a mais severa repressão, que nos custou tantos mortos e desaparecidos, lutamos por liberdade e democracia neste país. Tínhamos orgulho de ser brasileiros.

Nos anos 1970, foi a vez dos movimentos populares. O Movimento contra a Carestia em São Paulo, as Comunidades Eclesiais de Base da Igreja Católica, a organização das mulheres, os centros de defesa dos direitos humanos e a luta pela anistia tiveram importância no desgaste da ditadura e na restauração do estado de direito.

Nos anos 1980, nossa indignação consolidou-se em instâncias mais representativas, como os partidos políticos progressistas, as centrais sindicais, o MST e tantos outros que, devido ao seu poder de mobilização, contribuíram para levar, em 1989, um metalúrgico ao segundo turno das primeiras eleições presidenciais em trinta anos.

Agora, a situação econômica do país não conhece precedentes em nossa história. Nunca houve tanta miséria, tanto desemprego, tanta violência. Estamos todos indignados com os assassinatos e as chacinas; a indiferença oficial diante da urgência de uma reforma agrária; a privatização descarada do patrimônio público; o sucateamento da saúde e da educação. E o que fazemos? Quem nos tirou a capacidade de mobilização? Por que aceitamos, sem reação à altura, o genocídio promovido pelo governo Bolsonaro durante a pandemia? Por que essa vergonha de ser brasileiro?

Roubaram-nos a alma, sequestraram-nos a esperança, violaram a utopia. Ora, por que sonhar em mudar o Brasil e o mundo se já podemos trocar de tênis e de canal; esquecer as dores comentando alheios desamores; e, na ausência de Rimbaud, divertir-nos com o último clipe de uma banda de rock?

Restam-nos as eleições. Se as coisas não vão bem, a culpa é da política. É a política que instaura desigualdades no país; é a política que promove (ou não) a distribuição de renda e reduz (ou não) as diferenças sociais. Finda a ditadura, todos os políticos brasileiros estão no poder graças ao nosso voto. Votar em branco ou nulo é, também, dar um cheque em branco para quem está no governo. É votar para que tudo fique como está ou piore. Portanto devemos votar com consciência. Votar para mudar e melhorar. Votar segundo o critério do Evangelho: naqueles que de fato se empenham "para que todos tenham vida, e vida em abundância" (João 10, 10).

O PASSADO PASSOU?

Desde 509 a.C., derrubado o rei etrusco, Roma se tornou uma república governada por magistrados eleitos. No ano anterior, Clístenes havia introduzido a democracia na Grécia. Algo de novo acontecia na história da humanidade: agora, em uma península da Europa, o governo de uma nação emanava do poder popular.

Em 60 a.C., Roma passou a ser governada pelo primeiro triunvirato, Caio Júlio, Marco Licínio Crasso e Pompeu, o Grande. Crasso morreu sete anos depois, na batalha de Carras, na Turquia. Pompeu, arraigado em sua formação militar, decidiu transformar sua vontade pessoal em projeto político e, inclusive, dar asas ao sonho de transformar Roma em um império mundial.

Sob seu governo, as tropas romanas, comandadas por Caio Júlio, conquistaram a Gália (detalhes em *Asterix*), expandiram as fronteiras do império até o Reno e ameaçaram a Britânia.

Triunfante pela conquista da Gália, em 49 a.C., Caio Júlio, no comando da 13ª Legião, violou as leis romanas e, em armas, sem autorização do Senado — a Suprema Corte do império —, atravessou o Rubicão, o rio que separa a Itália da Gália Cisalpina. Movido pela ambição de poder, lançou a sorte, derrotou Pompeu e assumiu o governo de Roma.

Seus quatro anos de governo se caracterizaram por sucessivos atritos com a Suprema Corte, que pressentiu ter ele a intenção de instalar um regime ditatorial apoiado pelo exército e restringir ao máximo o papel do Senado. Por um período, Caio Júlio resistiu às decisões dos legisladores e insistiu em submetê-los à sua vontade. Embora a república tivesse caráter civil, ele se cercou cada vez mais de generais, como Otávio e Marco Antônio, aos quais concedeu o título de cônsul, o mais alto cargo da república romana. Pretendia, assim, dar uma aparência civil ao governo e encobrir que todo o poder estava, de fato, em mãos de militares, e não mais das instituições republicanas.

Respaldado pela plebe, que o venerava como herói e mito, fanatizada por sua figura, e sustentado pelo exército, Júlio acresceu a seu nome o epíteto César e se tornou ditador em 47 a.C. Considerado salvador da pátria por seus apoiadores, adotou os títulos de Pontífice Máximo (prerrogativa de governar sem consulta à Suprema Corte), Ditador Perpétuo (prerrogativa de reformar a Constituição e, portanto, declarar "A Constituição sou eu") e Censor Vitalício (prerrogativa de ser o comandante em chefe do exército em Roma e nas províncias).

Sua obsessão era armar o povo em sua defesa e militarizar a nação. Com pleno domínio da psicologia das massas, decidiu revestir-se de sacralidade e cumular-se de religiosidade. Roma acima de tudo e César acima de todos! Sua estátua foi introduzida nos templos romanos e nas capitais provinciais, e ele passou a ser venerado como um deus — *Jupiter Julius*. Tinha tanto poder que ousou reformar o calendário, que ficou conhecido como Juliano, e introduziu um sétimo mês em sua homenagem — julho.

Como a maioria dos tiranos ao longo da história, teve um fim trágico, em março de 44 a.C. Na peça *Júlio César*, tragédia escrita por Shakespeare em 1599 (tal figura só requeria mesmo uma tragédia), um adivinho alerta: "Cuidado com os idos de março"... E o procônsul Marco Júnio Bruto, mais conhecido como Brutus, compara César ao "ovo de serpente que eclodindo, como a sua espécie, cresceria malevolamente".

Esse passado passou?

SOMOS TODOS PÓS-VERDADE?

A RESPOSTA É SIM, SE COMUNGAMOS ESSE SENTIMENTO DE FRUStração em relação aos sonhos idílicos da modernidade. Quem diria que a Revolução Russa terminaria em gulags; a chinesa, em capitalismo de Estado; e que tantos partidos de esquerda assumiriam o poder como o violinista que pega o instrumento com a esquerda e toca com a direita?

Quem diria que a especulação superaria a produção, e o valor intrínseco de um ser humano se deslocaria para os bens que possui (e seu valor não é reconhecido se não possui bens)? Quem diria que tantas pessoas haveriam de erigir o mercado como um deus ao qual prestam culto, e cuja mão invisível seria capaz de regular o progresso das nações sob a égide da economia?

Nenhum sistema filosófico resiste, hoje, à mercantilização da sociedade. As transgressões já não são exceções, e sim regras. O avanço da informatização, da robótica, a googletização da cultura, a celularização das relações humanas, a banalização da violência são fatores que nos mergulham em atitudes e formas de pensar pessimistas, provocadoras, conservadoras.

Na pós-verdade, o sistemático cede lugar ao displicente; o articulado ao disforme; a teoria à conjectura. A razão delira e, fantasiada de cínica, baila ao ritmo dos jogos de linguagem. Como proclamou Nietzsche, já "não há fatos, apenas versões".

Nesse mar revolto, muitos se apegam às "irracionalidades" do passado, à religiosidade sem teologia, à xenofobia servil à Casa Branca, ao consumismo desenfreado, às emoções sem perspectivas.

Já não se buscam grandes narrativas, paradigmas históricos, valores universais. Agora sopra o vento da "servidão voluntária", e muitos se ajoelham aos avatares, convencidos de que a lei da força deve predominar sobre a força da lei.

Para a pós-verdade, a história findou, e resta nos adequarmos ao tempo cíclico. O lazer, agora, reduz-se a mero hedonismo, e a filosofia, a um conjunto de perguntas sem respostas. O que importa é a novidade, as luzes da ribalta, o invencível Homem de Ferro. Já não importa a distinção entre urgente e prioritário, acidental e essencial, valores e oportunidades, efêmero e duradouro.

Para a pós-verdade, já não cabe o pensamento crítico, e ela abraça a razão cínica como Diógenes a sua lanterna. Prefere, nesse mundo conflitivo, ser espectadora e não protagonista, observadora e não participante, público e não atriz.

A pós-verdade duvida de tudo. É cartesianamente ortodoxa. Por isso, não crê em algo ou em alguém. Como a serpente uróboro, morde a própria cauda. E se refugia no individualismo narcísico. Basta-se a si mesma, indiferente à dimensão social da existência.

A pós-verdade tudo desconstrói. Seus postulados são ambíguos, desprovidos de raízes, invertebrados e apáticos. Ao jornalismo, prefere o shownalismo.

O discurso pós-verdade é labiríntico, descarta paradigmas, e sua bagagem cultural coloca no mesmo patamar artistas, autores clássicos e arrivistas que alcançaram quinze minutos de fama.

A pós-verdade não tem memória, abomina o ritual, o litúrgico, o mistério. Como considera toda paixão inútil, nem ri nem chora. Sua visão de mundo é uma colcha de retalhos eivada de subjetivismo.

A ética da pós-verdade detesta princípios universais. É a ética de ocasião e conveniência. Camaleônica, adapta-se a cada situação.

A pós-verdade transforma a realidade em fantasia e nos remete à caverna de Platão, onde as sombras têm mais importância que o nosso ser, e as nossas imagens predominam sobre a existência real.

UM HOMEM DE BEM

Era um anacoreta. Avesso a festas e recepções, nunca fumou ou bebeu, jamais frequentou clubes e raramente pisou em um restaurante. Gostava do aconchego do lar, do convívio familiar e, em seus últimos trinta anos, aposentado, passava o dia em sua biblioteca, lendo e escrevendo.

Tinha mania de dicionários e prazer em lapidar palavras, pesquisar etimologias, reler os clássicos. Se saía à rua era para visitar os únicos lugares que exerciam forte atração sobre ele: livrarias e padarias. Com o mesmo cuidado escolhia livros e pães, cujos vendedores tratava pelo nome. Ao entregar seus artigos em jornais, esquecia das horas em conversas com diretores e editores.

Teve infância e adolescência privilegiadas, passadas entre os palácios da Liberdade e do Catete, onde meu avô trabalhou ao lado de três governadores de Minas e um presidente da República, Arthur Bernardes. Mais tarde, tornou-se secretário particular do ex-presidente. Conspirou contra Vargas, esteve preso, foi jornalista dos *Diários Associados*.

Formado em Direito, assinou o "Manifesto dos Mineiros", o que o levou ao desemprego, obrigando-o a transferir-se do Rio para Minas. Ali, trabalhou nos governos Milton Campos e Magalhães Pinto, dos quais era amigo. Ocupou a magistratura por pouco tempo: quando os militares confiscaram a faixa presidencial, ele abandonou a toga.

Trazia na memória detalhes curiosos da história da República, que recontava incansável à nova geração de políticos que, em Belo Horizonte, hospedava-se em sua casa ou comia à sua mesa: Lula, Olívio Dutra, João Pedro Stédile, Patrus Ananias, e também Raduan

Nassar e Leonardo Boff. Viu atolar, no Barreiro, o carro que levava o rei Alberto I, da Bélgica; revelou a Fernando Morais episódios inéditos da vida de Assis Chateaubriand; conversando à porta do jornal, no Rio, com uma vendedora de bilhetes de loteria, descobriu que se tratava da ex-primeira-dama Nair de Teffé, viúva do marechal Hermes da Fonseca.

Uma única vez saiu do país, em 1985, para visitar Cuba, a convite de Fidel Castro, que o cobriu de atenções. E trabalhou um único dia na iniciativa privada, ao ser contratado para o departamento jurídico de um banco. Coube-lhe, como primeira tarefa, arrolar os bens de uma correntista em dívida atrasada. Ao retornar da casa da devedora, entregou a carta de demissão. Tratava-se de uma costureira, viúva, que, no bairro de Santa Teresa, lutava pelo sustento dos filhos pedalando uma Singer.

Meu pai, Antonio Carlos Vieira Christo, no dia 10 de setembro de 2002, aos 89 anos, entregou-se à acolhida amorosa de Deus. Deixou oito filhos, dezesseis netos e três bisnetos e, de herança, seu testemunho ético, impregnado de profunda esperança no futuro do Brasil. "Sou um homem humilde", disse ele pouco antes de fechar os olhos para, do outro lado da vida, ver melhor.

FARMÁCIA AMERICANA

A Farmácia Americana, na rua da Bahia, em Belo Horizonte, assegurava a meu avô, Ismael Libanio, uma vida de relativa fartura. As prateleiras de vidro, altas, exibiam uma coleção de garrafões e garrafinhas, ampolas e pastilhas, pomadas e unguentos, entre os quais se destacavam o fortificante Guaratônica, o xarope Alcatrol e a Água Inglesa, útil a todos os males do espírito e do corpo. Mello Vianna e Arthur Haas tinham por hábito trocar o chope do Trianon, em frente à farmácia, por um cálice da miraculosa água.

Perdia-se ali o limite entre química e alquimia. De tão calmo, meu avô impacientava os que o conheciam. Metido num avental branco atrás do balcão, aviava receitas e dava ouvidos às queixas físicas e metafísicas de seus clientes.

Dr. Ismael mantinha o laboratório no porão do sobrado em que morava, na rua Tomé de Souza, 1018, onde vim ao mundo em uma manhã invernosa na mesma hora, dia, mês e ano em que Paris ficava livre da ocupação nazista. Desagradava, assim, aos caixeiros--viajantes que, maletas repletas de remédios e verve solta, chegavam às Alterosas dispostos a dominar o incipiente mercado local. Além de fabricar soros glicosado e isotônico, o Laboratório Libanio produzia uma profusão de pastilhas para dor de garganta que, na farmácia, eram distribuídas às crianças como balas de hortelã.

De calças curtas, contribuímos, um primo e eu, para encanecer precocemente o cabelo escovinha do dr. Ismael. Pusemos fogo na palha de acolchoar vidros, fazendo arder o depósito de embalagens do laboratório. A rua Tomé de Souza encheu-se de curiosos atraídos pelos sinos dos carros dos bombeiros. Na varanda, sobre o palco do incêndio, meu avô lia o *Estado de Minas*, como se o sinistro fosse apenas uma notícia impressa no jornal. Um vizinho gritou afoito:

— Dr. Ismael, o laboratório está pegando fogo!

— E já chamaram os bombeiros? — indagou, pregando os olhos de volta no noticiário, impassível diante do povaréu que mariposamente ajuntava-se em torno das chamas.

Aos domingos, as mesas do laboratório eram religiosamente cobertas com feltro verde, sobre o qual dançavam reis e damas, valetes e coringas, entre a roda de amigos.

Na Farmácia Americana, estagiavam jovens recém-formados, ávidos por experiência. Coração aberto, nos anos 1920 meu avô acolheu ali, na trincheira do balcão, um jovem espigado, de rosto delgado e testa larga, que acabara de diplomar-se em Farmácia.

O estagiário, mais afeito à leitura de livros que de bulas e receitas, não dava mostras de futuro promissor. Como farmacêutico seria um fracasso. Era tímido, natural de Itabira e chamava-se Carlos Drummond de Andrade.

MEU AMIGO RICARDO KOTSCHO

Coube-me a honra de saudá-lo, Ricardo, na ecumênica, suprapartidária e concorrida homenagem ao seu jubileu de prata como jornalista. Segundo os meus cálculos, cerca de 3.500 pessoas, entre amigos e boca-libertinos, foram abraçá-lo naquela noite. Mas, de acordo com o Datafolha, compareceram apenas 450.

Para quem nunca estudou, pode-se dizer que você, com esse jeitão franciscano, conseguiu enganar gregos e troianos, sem falar dos editores e diretores de jornais.

Ao pesquisar sua impublicável biografia, verifiquei que você possui uma árvore genealógica um tanto quanto sinuosa e de intrincadas raízes. Raras são as pessoas que sabem a procedência do sobrenome Kotscho, que o faz conhecido na República Agrícola de Porangaba como Ricardo Coxo (aliás, você manca mesmo de uma perna ou esse jeito marujo de andar balançando é por força da travessia do Atlântico, quando seus pais, grávidos de você, vieram da Europa para cá?).

Nos alfarrábios que andei consultando na Biblioteca Imperial de Praga — hoje conhecida como ex-Livraria do Povo — consta no tomo MCLXXXIII da obra *De naturuns legitimus et ilegitimus, pero de nostra tierra*, editada em 1662 por Nikolaus, o Velho, que os Kotscho advêm, afirmam os etnólogos eslovacos, da primeira colônia japonesa. Esta teria sido trazida pelos Habsburgo ao Sacro Império Romano-Germânico, no século XVI, e chefiada pelo grão-mestre verdureiro Mentinotexto Katso. Aliás, reparando bem, sua fisionomia revela evidentes traços nipônicos. Um pouco mais de cerveja no bucho, uma fralda nas partes pudendas, e temos em você um autêntico lutador de sumô.

Porém tal versão é contestada por antropólogos tchecos germanizados. Na famosa obra em alemão arcaico, *Aftas ardem hemorroidas idem*, publicada em Munique, em 1712, afirma-se categoricamente que os Kotscho procedem de uma família de gráficos de Mainz, que no século xv trabalhara na impressora de Johannes Gutenberg e descendia dos corsos aprisionados em Hamburgo, após a conhecida caça aos piratas do Mar do Norte. Enfim, *tuto buona gente*.

Esclarecida esta sua obscura pero ariana origem, meu caro amigo, resta aclarar como, sem estudos, sem dinheiro e sem cabelos, você conseguiu tornar-se repórter especial, único senhor de um belíssimo harém na parte nobre da cidade, futuro prefeito de Porangaba e o assessor de imprensa mais vergonhosamente mal remunerado nesta multimilionária República. Até parece que não está a fim de ficar rico!

Ora, sabe-se que você tentou começar esses 25 anos de jornalismo como foca do jornal *Notícias Populares*, cuja linha editorial resumia-se em três esses: sexo, sangue e sadismo. Reprovado no teste de redação, você obteve emprego na *Folha Santamarense*, onde, aliás, conheceu Mara, que além de santa era filha do proprietário do jornal. Após rápida passagem pela *Gazeta de Santo Amaro*, onde foi editor de cloacas e esgotos, passou ao *O Estado de S. Paulo*, nobiliárquico matutino da capital paulista, excelente para embrulhar carnes nos açougues e verduras na feira, especialmente aos domingos. Foi a glória, meu caro Katso, digo Kotscho.

Durante dez anos você galgou, degrau por degrau, os píncaros do chamado jornalismo de sucesso: foi repórter de óbitos & falências, redator de anúncios classificados, pauteiro (ou seja, encarregado de descer o pau nos inimigos da família Mesquita), chefe de reportagem, editor de esportes & biritas e editor local, embora você mesmo nunca conseguisse se localizar. Como bom jornalista, você virou especialista em generalidades.

Ao perceber que já começava a só andar de gravata, dizer "o nosso jornal" e acreditar que o *Estadão* era de fato imparcial, neutro e despretensioso — aliás, como todos os grandes periódicos desta

Terra de Quanta Cruz — você pediu a conta e se mandou para a Alemanha, onde, entre chucrutes sólidos e cevada líquida, trabalhou como correspondente de guerra do *Jornal do Brasil*.

Ainda antes que a dita ficasse menos dura, regressou ao solo pátrio em 1978, onde trabalhou na revista *IstoÉ Como a Carta Quer* e no *Jornal da República*, que, por um pequeno erro de cálculo, foi lançado noventa anos após a proclamação da dita cuja. Tivesse sido lançado um século antes, teria sido um sucesso.

Em 1980, ingressou na *Folha de S.Paulo*, primor de tecnologia jornalística, a ponto de ser o único periódico brasileiro que conta com um caderno ilustrado, chamado "Ilustrada", editado no eixo Nova York-Tóquio, e que dispõe de um homem-ônibus onde os leitores podem entrar com suas queixas.

Contudo você nunca ignorou que as boas chefias devem ser sempre frias. Era impossível deixar de despedi-lo por flagrante nepotismo. Depois de empregar a mulher no departamento de pesquisa, você arranjou um frila na "Folhinha" para Mariana, a filha mais velha, e já andava preparando a Carolina, a mais nova, para, com nome falso, elogiar suas reportagens na seção de cartas dos leitores...

Nesse período, transformou em realidade o sonho de muitos jornalistas: tornar-se escritor, não propriamente para escrever livros, mas para livrar-se de patrões e cartões. Suas obras completas incluem, por enquanto, parceria na peça teatral *Chamem os bombeiros porque estou pegando fogo* e os livros: *A greve do ABC e a saga dos metaleiros*, *Como massacrar posseiros*, *Serras Peladas & outras montanhas nuas*, *Implode a Velha República*, *Cuba vista do avião* e uma obra infantil chamada *Beija comigo*. Há também um livro-entrevista com Paulo Freire e um tal Frade Voador, intitulado *Na hora da chamada na escola, tome Vitasay (Essa escola chamada vida)*.

Entrementes, você ganhou três vezes o Prêmio Esso, embora continue a pagar o preço exorbitante da gasolina, e foi condenado a um ano e quatro meses pela Lei de *Prensa*, por sua cobertura do Caso Michel Frank. Imprensado em São Paulo pela Justiça de um lado e, de outro, pela falta de mercado de trabalho, acabou arranjando um bico especial na sucursal do *Jornal do Brasil*, o único periódico que se acreditava — mais do que um simples veículo de opiniões e notícias — ser também um verdadeiro estilo de vida. Mas você acabou no olho da rua depois que o Nascimento Brito, seguindo o exemplo de Assis Chateaubriand, pôs a mão na sua careca e disse: "Filho, opinião quem dá é o dono do jornal. Quer opinar, funda um".

Mas de bobo, meu caro Ricardo, você só tem a cara. Diante da corrupção que assola o país, a força da gravidade da lei do Gerson convenceu-o de que o melhor mesmo é ser funcionário público federal. Por isso, atrelou-se a um candidato presidencial com chances de, na base da paz e do amor, vencer a eleição. Assim, passou a garantir seu ganha-pão nos micros e macrofones do Palácio do Planalto, com a vitória do nosso candidato — cujo nome prefiro omitir em consideração ao caráter suprapartidário daquela festa batizada de "trégua de campanha".

Querido Ricardo, no que lhe falta de cabelos, sobra-lhe de decência, integridade, talento e muita emoção no coração. Deus permita que, ainda que caquéticos e gaguejantes, meio cegos e reumáticos, mas com muito amor por você, possamos todos estar juntos em seu jubileu de ouro.

Até lá e meu fraterno abraço.

Fim

OBRAS DE FREI BETTO

Edições nacionais

OBRAS DE FREI BETTO

Edições nacionais

Cartas da prisão — 1969-1973. Rio de Janeiro: Agir, 2008. (Essas Cartas foram publicadas anteriormente em duas obras: *Cartas da Prisão* e *Das Catacumbas*, publicadas pela Civilização Brasileira. *Cartas da Prisão*, editado em 1974, teve a 6ª edição lançada em 1976. Nova edição: São Paulo: Companhia das Letras, 2017.)

Das catacumbas — Cartas da prisão 1969-1971. Rio de Janeiro: Civilização Brasileira, 1976. (3ª edição, 1985) — Obra fora de catálogo.

Oração na ação. Rio de Janeiro: Civilização Brasileira, 1977. (3ª edição, 1979) — Obra fora de catálogo.

Natal, a ameaça de um menino pobre. Petrópolis: Vozes, 1978. — Obra fora de catálogo.

A semente e o fruto — Igreja e comunidade. 3ª edição. Petrópolis: Vozes, 1981. — Obra fora de catálogo.

Diário de Puebla. 2ª edição. Rio de Janeiro: Civilização Brasileira, 1979. — Obra fora de catálogo.

A vida suspeita do subversivo Raul Parelo (contos). Rio de Janeiro: Civilização Brasileira, 1979. Reeditada sob o título de *O aquário negro*. Rio de Janeiro: Difel, 1986. Nova edição do Círculo do Livro, 1990. Em 2009, foi lançada pela Agir nova edição revista e ampliada. — Obra fora de catálogo.

Puebla para o povo. Petrópolis: Vozes, 1979. (4ª edição, 1981) — Obra fora de catálogo.

Nicarágua livre, o primeiro passo. Rio de Janeiro: Civilização Brasileira, 1980. Dez mil exemplares editados em Jornalivro. São Bernardo do Campo: Sociedade Cultural, 1981. — Obra fora de catálogo.

O que é Comunidade Eclesial de Base. 5ª edição. São Paulo: Brasiliense, 1985. Coedição São Paulo: Abril, 1985, para bancas de revistas e jornais. — Obra fora de catálogo.

O fermento na massa. Petrópolis: Vozes, 1981. — Obra fora de catálogo.

CEBs, rumo à nova sociedade. 2ª edição. São Paulo: Paulinas, 1983. — Obra fora de catálogo.

Fidel e a religião — Conversas com Frei Betto. São Paulo: Brasiliense, 1985. (23ª edição, 1987). Edição do Círculo do Livro, 1989. Terceira edição, ampliada e ilustrada com fotos: São Paulo: Fontanar, 2016.

Batismo de sangue — Os dominicanos e a morte de Carlos Marighella. Rio de Janeiro: Civilização Brasileira, 1982. (7ª edição, 1985). Reeditado pela Bertrand do Brasil, 1987. (10ª edição, 1991). Edição do Círculo do Livro, 1982. Em 2000 foi lançada a 11ª edição revista e ampliada: *Batismo de sangue — A luta clandestina contra a ditadura militar — Dossiês Carlos Marighella & Frei Tito*, pela Casa Amarela. Nova edição: *Batismo de sangue — Guerrilha e morte de Carlos Marighella*. 14ª edição. Rio de Janeiro: Rocco, 2006.

OSPB — Introdução à política brasileira. São Paulo: Ática, 1985. (18ª edição, 1993) — Obra fora de catálogo.

O dia de Ângelo (romance). 3ª edição. São Paulo: Brasiliense, 1987. Edição do Círculo do Livro, 1990 — Obra fora de catálogo.

Cristianismo & marxismo. 3ª edição. Petrópolis: Vozes, 1988. — Obra fora de catálogo.

A proposta de Jesus. (Catecismo Popular, vol. I). São Paulo: Ática, 1989. (3ª edição, 1991) — Obra fora de catálogo.

A comunidade de fé. (Catecismo Popular, vol. II). São Paulo: Ática, 1989. (3ª edição, 1991) — Obra fora de —catálogo.

Militantes do reino. (Catecismo Popular, vol. III). São Paulo: Ática, 1990 (3a edição, 1991) — Obra fora de catálogo.

Viver em comunhão de amor. (Catecismo Popular, vol. IV). São Paulo: Ática, 1990. (3ª edição, 1991) — Obra fora de catálogo.

Catecismo popular (versão condensada). São Paulo: Ática, 1992. (2ª edição, 1994) — Obra fora de catálogo.

Lula — Biografia política de um operário. 8ª edição. São Paulo: Estação Liberdade, 1989. Nova edição revisada e atualizada: *Lula — Um operário na Presidência*. São Paulo: Casa Amarela, 2003. — Obra fora de catálogo.

A menina e o elefante (infantojuvenil). São Paulo: FTD, 1990. (6ª edição, 1992). Em 2003, foi lançada nova edição revista pela Editora Mercuryo Jovem. (3ª edição).

Fome de pão e de beleza. São Paulo: Siciliano, 1990. — Obra fora de catálogo.

Uala, o amor (infantojuvenil). São Paulo: FTD, 1991. (12ª edição, 2009). Nova edição, 2016.

Sinfonia universal, a cosmovisão de Teilhard de Chardin. São Paulo: Letras & Letras, 1992 (1ª edição). São Paulo: Ática, 1997 (edição revista e ampliada). Petrópolis: Vozes, 2011. — Obra fora de catálogo.

Alucinado som de tuba (romance). São Paulo: Ática, 1993. (20ª edição, 2000). — Obra fora de catálogo.

Por que eleger Lula presidente da República (Cartilha Popular). São Bernardo do Campo: FG, 1994. — Obra fora de catálogo.

O paraíso perdido — Nos bastidores do socialismo. São Paulo: Geração Editorial, 1993. (2ª edição, 1993). Na edição atualizada, ganhou o título *O paraíso perdido — Viagens ao mundo socialista.* Rio de Janeiro: Rocco, 2015.

Cotidiano & mistério. São Paulo: Olho d'Água, 1996. (2ª edição 2003). — Obra fora de catálogo.

A obra do Artista — Uma visão holística do universo. São Paulo: Ática, 1995. (7ª edição, 2008). Rio de Janeiro: José Olympio, 2011.

Comer como um frade — Divinas receitas para quem sabe por que temos um céu na boca. Rio de Janeiro: Francisco Alves, 1996. (2ª edição, 1997). Rio de Janeiro: José Olympio, 2003.

O vencedor (romance). São Paulo: Ática, 1996. (15ª edição, 2000). — Obra fora de catálogo.

Entre todos os homens (romance). São Paulo: Ática, 1997. (8ª edição, 2008). Na edição atualizada, ganhou o título *Um homem chamado Jesus.* Rio de Janeiro: Rocco, 2009.

Talita abre a porta dos evangelhos. São Paulo: Moderna, 1998. — Obra fora de catálogo.

A noite em que Jesus nasceu. Petrópolis: Vozes, 1998. — Obra fora de catálogo.

Hotel Brasil (romance policial). São Paulo: Ática, 1999. (2ª edição, 1999). Na edição atualizada, ganhou o título *Hotel Brasil — O mistério das cabeças degoladas.* Rio de Janeiro: Rocco, 2010.

A mula de Balaão. São Paulo: Salesiana, 2001. — Obra fora de catálogo.

Os dois irmãos. São Paulo: Salesiana, 2001. — Obra fora de catálogo.

A mulher samaritana. São Paulo: Salesiana, 2001. — Obra fora de catálogo.

Alfabetto — Autobiografia escolar. 4ª edição. São Paulo: Ática, 2002. — Obra fora de catálogo.

Gosto de uva — Textos selecionados. Rio de Janeiro: Garamond, 2003. — Obra fora de catálogo.

Típicos tipos — Coletânea de perfis literários. São Paulo: Girafa, 2004. — 2ª edição, 2022.

Saborosa viagem pelo Brasil — Limonada e sua turma em histórias e receitas a bordo do Fogãozinho. 2ª edição. Com receitas de Maria Stella Libanio Christo. São Paulo: Mercuryo Jovem, 2004.

Treze contos diabólicos e um angélico. São Paulo: Planeta do Brasil, 2005.

A mosca azul — Reflexão sobre o poder. Rio de Janeiro: Rocco, 2006.

Calendário do poder. Rio de Janeiro: Rocco, 2007.

A arte de semear estrelas. Rio de Janeiro: Rocco, 2007.

Diário de Fernando — Nos cárceres da ditadura militar brasileira. Rio de Janeiro: Rocco, 2009.

Maricota e o mundo das letras. São Paulo: Mercuryo Novo Tempo, 2009.

Minas do ouro. Rio de Janeiro: Rocco, 2011.

Aldeia do silêncio. Rio de Janeiro: Rocco, 2013.

O que a vida me ensinou. São Paulo: Saraiva, 2013.

Fome de Deus — Fé e espiritualidade no mundo atual. São Paulo: Paralela, 2013.

Reinventar a vida. Petrópolis: Vozes, 2014.

Começo, meio e fim. Rio de Janeiro: Rocco, 2014.

Oito vias para ser feliz. São Paulo: Planeta, 2014.

Um Deus muito humano — Um novo olhar sobre Jesus. São Paulo: Fontanar, 2015.

Ofício de escrever. Rio de Janeiro: Rocco, 2017.

Parábolas de Jesus — Ética e valores universais. Petrópolis: Vozes, 2017.

Por uma educação crítica e participativa. Rio de Janeiro: Rocco, 2018.

Sexo, orientação sexual e "ideologia de gênero". Coleção Saber. Rio de Janeiro: Grupo Emaús, 2018.

Fé e Afeto — Espiritualidade em tempos de crise. Petrópolis: Vozes, 2019.

Minha avó e seus mistérios. Rio de Janeiro: Rocco, 2019.

O marxismo ainda é útil?. São Paulo: Cortez, 2019.

O Diabo na corte — Leitura crítica do Brasil atual. São Paulo: Cortez, 2020.

Diário de Quarentena — 90 dias em fragmentos evocativos. Rio de Janeiro: Rocco, 2020.

Obras fora de catálogo podem ser adquiridas
na livraria virtual do autor: www.freibetto.org

Em coautoria

O canto na fogueira, com Frei Fernando de Brito e Ivo Lesbaupin. Petrópolis: Vozes, 1976.

Ensaios de complexidade, com Edgar Morin, Leonardo Boff e outros autores. Porto Alegre: Sulina, 1977. — Obra fora de catálogo.

O povo e o papa — Balanço crítico da visita de João Paulo II ao Brasil, com Leonardo Boff e outros autores. Rio de Janeiro: Civilização Brasileira, 1980. — Obra fora de catálogo.

Desemprego — Causas e consequências, com dom Cláudio Hummes, Paulo Singer e Luiz Inácio Lula da Silva. São Paulo: Edições Paulinas, 1984. — Obra fora de catálogo.

Sinal de contradição, com Afonso Borges Filho. Rio de Janeiro: Espaço e Tempo, 1988. — Obra fora de catálogo.

Essa escola chamada vida, com Paulo Freire e Ricardo Kotscho. 18ª edição. São Paulo: Ática, 1988. — Obra fora de catálogo.

Teresa de Jesus — Filha da Igreja, filha do Carmelo, com Frei Cláudio van Belen, Frei Paulo Gollarte, Frei Patrício Sciadini e outros. São Paulo: Instituto de Espiritualidade Tito Brandsma, 1989. — Obra fora de catálogo.

O plebiscito de 1993 — Monarquia ou República? Parlamentarismo ou presidencialismo?, com Paulo Vannuchi Rio de Janeiro: ISER, 1993. — Obra fora de catálogo.

Mística e espiritualidade, com Leonardo Boff. Rio de Janeiro: Rocco, 1994. (4ª edição, 1999). 6ª edição revista e ampliada: Rio de Janeiro: Garamond, 2005. Petrópolis: Vozes, 2009.

Viagem ao coração do Brasil, com Leonardo Boff, Ricardo Kotscho, José Graziano, Zuenir Ventura e outros autores. São Paulo: Página Aberta, 1994.

A reforma agrária e a luta do MST, com vários autores. Petrópolis: Vozes, 1997. — Obra fora de catálogo.

O desafio ético, com Eugenio Bucci, Luís Fernando Veríssimo, Jurandir Freire Costa e outros autores. 4ª edição. Rio de Janeiro/Brasília: Garamond/Codeplan, 1997.

Direitos mais humanos. Organizado por Chico Alencar com textos de Frei Betto, Nilton Bonder, Dom Pedro Casaldáliga, Luiz Eduardo Soares e outros autores. Rio de Janeiro: Garamond, 1998.

Carlos Marighella — O homem por trás do mito. (Coletânea de artigos organizada por Cristiane Nova e Jorge Nóvoa). São Paulo: Unesp, 1999. — Obra fora de catálogo.

7 pecados do capital. (Coletânea de artigos organizada por Emir Sader). Rio de Janeiro: Record, 1999. — Obra fora de catálogo.

Nossa paixão era inventar um novo tempo — 34 depoimentos de personalidades sobre a resistência à ditadura militar. Organização de Daniel Souza e Gilmar Chaves. Rio de Janeiro: Rosa dos Tempos, 1999. — Obra fora de catálogo.

Valores de uma prática militante, com Leonardo Boff e Ademar Bogo. São Paulo: Consulta Popular, 2000. Cartilha nº 9. — Obra fora de catálogo.

Brasil 500 anos — Trajetórias, identidades e destinos. Série Aulas Magnas. Vitória da Conquista: UESB, 2000. — Obra fora de catálogo.

Quem está escrevendo o futuro? — 25 textos para o século XXI. (Coletânea de artigos organizada por Washington Araújo). Brasília: Letraviva, 2000. — Obra fora de catálogo.

Contraversões — Civilização ou barbárie na virada do século, com Emir Sader. São Paulo: Boitempo, 2000. — Obra fora de catálogo.

O Indivíduo no socialismo, com Leandro Konder. São Paulo: Fundação Perseu Abramo, 2000. — Obra fora de catálogo.

O Decálogo (contos), com Carlos Nejar, Moacyr Scliar, Ivan ângelo, Luiz Vilela, José Roberto Torero e outros autores. São Paulo: Nova Alexandria, 2000. — Obra fora de catálogo.

As tarefas revolucionárias da juventude, com textos de Fidel Castro e Lênin. São Paulo: Expressão Popular, 2000. — Obra fora de catálogo.

Estreitos Nós — lembranças de um semeador de utopias, com Zuenir Ventura, Chico Buarque, Maria da Conceição Tavares e outros autores. Rio de Janeiro: Garamond, 2001. — Obra fora de catálogo.

Fogãozinho — Culinária infantil em histórias (com receitas de Maria Stella Libanio Christo). Rio de Janeiro: Nova Fronteira, 1984 (3ª edição, 1985). Nova edição: *Fogãozinho — Culinária infantil em histórias para crianças aprenderem a cozinhar sem usar faca e fogo*. São Paulo: Mercuryo Jovem, 2002. (7ª edição).

Diálogos criativos, com Domenico de Masi e José Ernesto Bologna. São Paulo: DeLeitura, 2002. Nova edição, Rio de Janeiro: Sextante, 2006.

Democracia e construção do público no pensamento educacional brasileiro. Organização de Osmar Fávero e Giovanni Semeraro. Petrópolis: Vozes, 2002. — Obra fora de catálogo.

Por que nós, brasileiros, dizemos não à Guerra, com Ana Maria Machado, Joel Birman, Ricardo Setti e outros autores. São Paulo: Planeta, 2003.

Fé e Política — Fundamentos. Organização de Pedro A. Ribeiro de Oliveira, com Leonardo Boff, Frei Betto, Paulo F. C. Andrade, Clodovis Boff e outros autores. Aparecida: Ideias e Letras, 2004.

A paz como caminho, com José Hermógenes de Andrade, Pierre Weil, Jean--Yves Leloup, Leonardo Boff, Cristovam Buarque e outros autores. Coletânea de textos organizados por Dulce Magalhães apresentados no Festival Mundial da Paz. Rio de Janeiro: Qualitymark, 2006.

Lições de Gramática para quem gosta de literatura, com Moacyr Scliar, Luís Fernando Veríssimo, Paulo Leminski, Rachel de Queiroz, Ignácio de Loyola Brandão e outros autores. São Paulo: Panda Books, 2007.

Sobre a esperança — Diálogo, com Mario Sergio Cortella. São Paulo: Papirus, 2007.

40 olhares sobre os 40 anos da Pedagogia do Oprimido, com Mario Sergio Cortella, Sérgio Haddad, Leonardo Boff, Rubem Alves e outros autores. São Paulo: Instituto Paulo Freire, 2008.

Dom Cappio — Rio e povo, com Aziz Ab'Sáber, José Comblin, Leonardo Boff e outros autores. São Paulo: Centro de Estudos Bíblicos, 2008.

O amor fecunda o Universo — Ecologia e espiritualidade, com Marcelo Barros. Rio de Janeiro: Agir, 2009. — Obra fora de catálogo.

Oparapitinga — o rio São Francisco, com Walter Firmo, Fernando Gabeira, Murilo Carvalho e outros autores. Fotografias de José Caldas. Rio de Janeiro: Casa da Palavra, 2002.

Conversa sobre a fé e a ciência, com Marcelo Gleiser. Rio de Janeiro: Agir, 2011. Nova edição, 2020.

Bartolomeu Campos de Queirós — Uma inquietude encantadora, com Ana Maria Machado, João Paulo Cunha, José Castello, Marina Colasanti, Carlos Herculano Lopes e outros autores. São Paulo: Moderna, 2012. — Obra fora de catálogo.

Belo Horizonte — 24 autores, com Affonso Romano de Sant'Anna, Fernando Brant, Jussara de Queiroz e outros autores. Belo Horizonte: Mazza Edições, 2012.

Dom Angélico Sândalo Bernardino — Bispo profeta dos pobres e da justiça, com Dom Paulo Evaristo Arns, Dom Pedro Casaldáliga, Dom Demétrio Valentini, Frei Gilberto Gorgulho, Ana Flora Andersen e outros autores. São Paulo: ACDEM, 2012.

Depois do silêncio — Escritos sobre Bartolomeu Campos de Queirós, com Chico Alencar, José Castello, João Paulo Cunha e outros autores. Belo Horizonte: RHJ Livros, 2013.

Nos idos de Março — A ditadura militar na voz de 18 autores brasileiros, com Antonio Callado, Nélida Piñon, João Gilberto Noll e outros autores. São Paulo: Geração Editorial, 2014.

Mulheres, com com Affonso Romano de Sant'anna, Fernando Fabbrini, Dagmar Braga e outros autores. Belo Horizonte: Mazza Edições, 2014.

O budista e o cristão — Um diálogo pertinente. Com Heródoto Barbeiro. São Paulo: Fontanar, 2017.

Advertências e esperanças — Justiça, Paz e Direitos Humanos, com frei Carlos Josaphat, Marcelo Barros, frei Henri Des Roziers, Ana de Souza Pinto e outros autores. Goiânia: PUC-Goiás, 2014.

Marcelo Barros — A caminhada e as referências de um monge, com Dom Pedro Casaldáliga, Dom Tomás Balduino, Carlos Mesters, João Pedro Stédile e outros autores. Recife: 2014. Edição dos organizadores.

Dom Paulo Evaristo Cardeal Arns — Pastor das periferias, dos pobres e da justiça, com Dom Pedro Casaldáliga, Fernando Altemeyer Júnior, Dom Demétrio Valentim e outros autores. São Paulo: Casa da Terceira Idade Tereza Bugolim, 2015.

Felicidade foi-se embora?, com Leonardo Boff e Mario Sergio Cortella. Rio de Janeiro: Vozes, 2015.

Cuidar da casa comum, com Leonardo Boff, Maria Clara Lucchetti Bingemer, Pedro Ribeiro de Oliveira, Marcelo Barros, Ivo Lesbaupin e outros autores. São Paulo: Paulinas, 2016.

Criança e consumo — 10 anos de transformação, com Clóvis de Barros Filho, Ana Olmos, Adriana Cerqueira de Souza e outros autores. São Paulo: Instituto Alana, 2016.

Por que eu e não outros? — Caminhada de Adilson Pires da Periferia para a cena política carioca, com Jailson de Souza e Silva e Eliana Sousa Silva. Rio de Janeiro: Observatório de Favelas/Agência Diálogos, 2016.

Em que creio eu, com Ivone Gebara, Jonas Resende, Luiz Eduardo Soares, Márcio Tavares d'Amaral, Leonardo Boff e outros autores. São Paulo: Edições Terceira Via, 2017.

(Neo)Pentecostalismos e Sociedade — Impactos e/ou cumplicidades, com Pedro Ribeiro de Oliveira, Faustino Teixeira, Magali do Nascimento Cunha, Sinivaldo A. Tavares, Célio de Pádua Garcia. São Paulo: Edições Terceira Via e Fonte Editorial, 2017.

Dom Paulo — Testemunhos e memórias sobre o Cardeal dos Pobres, com Clóvis Rossi, Fábio Konder Comparato, Fernando Altemeyer Júnior, Leonardo Boff e outros autores. São Paulo: Paulinas, 2018.

Semeando a esperança de uma Igreja pobre, servidora e libertadora. Palestras das Jornadas teológicas Dom Hélder Câmara. Volumes I e II. Recife: Conselho Editorial Igreja Nova, 2017.

Lula livre-Lula livro. Organização e edição de Ademir Assunção e Marcelino Freire, com Raduan Nassar, Aldir Blanc, Eric Nepomuceno, Manuel Herzog e outros autores. São Paulo: Fundação Perseu Abramo, 2018.

Direito, arte e liberdade. Organização de Cris Olivieri e Edson Natale. São Paulo: Edições Sesc, 2018.

Papa Francisco com os movimentos populares. Organização de Francisco de Aquino Júnior, Maurício Abdalla e Robson Sávio, com Chico Whitaker, Ivo Lesbaupin, Marcelo Barros e outros autores. São Paulo: Paulinas, 2018.

Ternura cósmica — Leonardo Boff, 80 anos, com Maria Helena Arrochellas, Marcelo Barros, Michael Lowy, Rabino Nilton Bonder, Carlos Mesters e outros autores. Rio de Janeiro: Vozes, 2018.

Maria Antônia: Uma rua na contramão — 50 anos de uma batalha, com Antonio Candido, Mário Schenberg, Adélia Bezerra de Meneses. São Paulo: Universidade de São Paulo, Faculdade de Filosofia, Letras e Ciências Humanas, 2018.

Alfabetização, letramento e multiletramentos em tempos de resistência, com Gilda Figueiredo Portugal Gouvea, Renato Felipe Amadeu Russo, Fernanda Coelho Liberali, Antonieta Megale e outros autores. São Paulo: Pontes Editores, 2019.

A mística do Bem Viver, com Leonardo Boff, Pedro Ribeiro de Oliveira, Chico Alencar, Henrique Vieira, Rosemary Fernandes da Costa e outros autores. Belo Horizonte: Editora Senso, 2019.

Lula e a espiritualidade — Oração, meditação e militância, com o padre Júlio Lancellotti, monja Coen, Faustino Teixeira, Cláudio de Oliveira Ribeiro, Hajj Mangolin, Pai Caetano de Oxossi, frei Carlos Mesters e outros autores. Organização de Mauro Lopes. Paraná/São Paulo: Kotter Editorial/Editora 247, 2019.

20 Contos sobre a Pandemia de 2020. Organização de Rogério Faria Tavares. Belo Horizonte: Autêntica, 2020.

Edições estrangeiras

Dai soterranei della storia. 2ª edição. Milão: Arnoldo Mondadori, 1973; *L'Église des prisons.* Paris: Desclée de Brouwer,1972; *La Iglesia encarcelada.* Buenos Aires: Rafael Cedeño, 1973; *Creo desde la carcel.* Bilbao: Desclée de Brouwer, 1976; *Lettres de prison.* Paris: du Cerf, 1980; *Lettere dalla prigione.* Bolonha: Dehoniane, 1980; *Brasilianische passion.* Munique: Kösel Verlag, 1973; *Fangelsernas Kyrka.* Estocolmo: Gummessons, 1974; *Geboeid Kijk ik om mij heen,* Hilversum: Gooi en Sticht bv, 1974; *Against principalities and powers.* Nova York: Orbis Books, 1977. *Cartas de la cárcel.* Havana: Editorial Caminos, 2019.

Novena di San Domenico. Brescia: Queriniana, 1974.

17 días en Puebla. Cidade do México: CRI, 1979; *Diario di Puebla.* Brescia: Queriniana, 1979.

La preghiera nell'azione. Bolonha: Dehoniane, 1980.

Que es la Teología de la Liberación? Lima: Celadec, 1980.

Puebla para el pueblo. Cidade do México: Contraste, 1980.

Battesimo di sangue. Bolonha: Asal, 1983; *Les frères de Tito.* Paris: du Cerf, 1984; *La pasión de Tito.* Caracas: Ediciones Dominicos, 1987; Nova edição revista e ampliada publicada pela Sperling & Kupfer, Milão, 2000. Atenas: Ekdoseis twn Synadelfwn: 2015. *Bautismo de sangre.* Santiago de Cuba: Editorial Oriente, 2018.

El acuario negro. Habana: Casa de las Américas, 1986.

Fede e Perestroika — Teologi della Liberazione in URSS, com Clodovis Boff, J. Pereira Ramalho, P. Ribeiro de Oliveira e Leonardo Boff. Assis: Cittadella Editrice, 1988.

El día de Angelo. Buenos Aires: Dialéctica, 1987; *Il giorno di Angelo.* Bolonha: Editrice Missionária Italiana, 1989; *Día de Angelo.* Tafalla: Txalaparta, 1993.

Los 10 mandamientos de la relación fe y política. Cuenca: Cecca, 1989; *Diez mandamientos de la relación fe y política.* Cidade do Panamá: Ceaspa, 1989.

De espaldas a la muerte — Diálogos con Frei Betto. Guadalajara: Imdec, 1989.

Fidel y la religión. Havana: Oficina de Publicações do Conselho do Estado, 1985. Nova edição pela Editorial de Ciencias Sociales, Havana, 2018. Até 1995, foi editado nos seguintes países: México, República Dominicana, Equador, Bolívia, Chile, Colômbia, Argentina, Portugal, Espanha, França, Holanda, Suíça (em alemão), Itália, Tchecoslováquia (em tcheco e inglês), Hungria, República Democrática da Alemanha, Iugoslávia, Polônia, Grécia, Filipinas, Índia (em dois idiomas), Sri Lanka, Vietnã, Egito, Estados Unidos, Austrália, Rússia, Turquia. Há uma edição cubana em inglês. Ocean Press, Austrália, 2005 — Havana, Cuba, 2018, Editorial de Ciencias Sociales.

Lula — Biografía política de un obrero. Cidade do México: MCCLP, 1990.

A proposta de Jesus. Gwangju: Work and Play Press, 1991.

Comunidade de fé. Gwangju: Work and Play Press, 1991.

Militantes do reino. Gwangju: Work and Play Press, 1991.

Viver em comunhão de amor. Gwangju: Work and Play Press, 1991.

Het waanzinnige geluid van de tuba. Baarn: Fontein, 1993; *Allucinante suono di tuba.* Celleno: La Piccola Editrice, 1993; *La musica nel cuore di un bambino.* Milão: Sperling & Kupfer, 1998; *Increíble sonido de tuba.* Madri: Ediciones SM, 2010; *Alucinado son de tuba.* Santa Clara: Sed de belleza Ediciones, 2017.

Uala Maitasuna. Tafalla: Txalaparta, 1993; *Uala, el amor.* Havana: Editorial Gente Nueva, 2016.

La obra del Artista — Una visión holística del Universo. Havana: Caminos, 1998. Havana: Editorial de Ciencias Sociales, 2009; Nova edição lançada em Cuba pela Editorial Nuevo Milênio, 2010; Córdoba: Barbarroja, 1998; Madri: Trotta, 1999.

Un hombre llamado Jesus. Havana: Editorial Caminos, 1998; nova edição 2009; *Uomo fra gli uomini.* Milão: Sperling & Kupfer, 1998; *Quell'uomo chiamato Gesù.* Bolonha: Editrice Missionária Italiana, 2011.

Gli dei non hanno salvato l'America — Le sfide del nuovo pensiero político latinoamericano. Milão: Sperling & Kupfer, 2003.

Gosto de uva. Milão: Sperling & Kupfer, 2003.

Sabores y saberes de la vida — Escritos Escogidos. Madri: PPC Editorial, 2004.

Hotel Brasil. Avignon: Éditions de l'Aube, 2004; Milão: Cavallo di Ferro Editore, 2006; *Hotel Brasil — The Mistery of Severed Heads*. Londres: Bitter Lemon Press, 2014; Havana: Editorial Arte y Literatura, 2019.

El ganador. Madri: Ediciones SM, 2010.

La mosca azul — Reflexión sobre el poder. North Melboune: Ocean Press, 2005; Havana: Editorial Ciencias Sociales, 2013.

Maricota y el mundo de las letras. Havana: Editorial Gente Nueva, 2012.

El comienzo, la mitad y el fin. Havana: Editorial Gente Nueva, 2014.

El fogoncito. Havana: Editorial Gente Nueva, 2007; *Un sabroso viaje por Brasil — Limonada y su grupo en cuentos y recetas a bordo del Fogoncito*. Havana: Editorial Gente Nueva, 2013.

La niña y el elefante. Havana: Editorial Gente Nueva, 2015.

Minas del oro. Havana: Editorial Arte y Literatura, 2015.

Paraíso perdido — Viajes por el mundo socialista. Havana: Editorial de Ciencias Sociales, 2016.

Lo que la vida me enseño — El desafio consiste siempre en darle sentido a la existência. Havana: Editorial Caminos, 2017.

Fede e Politica. Milão: Rete Radié Resch, 2018.

El hombre que podia casi todo. Havana: Editorial Gente Nueva, 2018.

Cartilla Popular del Plan de Soberanía Alimentaria y Educación Nutricional de Cuba. Havana: Oxfam, Ministerio de la Agricultura, Asociación Cubana de Comunicadores Sociales, Soberanía Alimentaria y Educación Nutricional de Cuba, 2020.

Edições estrangeiras em coautoria

Comunicación popular y alternativa, com Regina Festa e outros autores. Buenos Aires: Paulinas, 1986.

Mística y espiritualidad, com Leonardo Boff. Buenos Aires: CEDEPO, 1995. Assis: Cittadella Editrice, 1995.

Palabras desde Brasil, com Paulo Freire e Carlos Rodrigues Brandão. Havana: Caminos, 1996.

Hablar de Cuba, hablar del Che, com Leonardo Boff. Havana: Caminos, 1999.

Non c'e progresso senza felicità, com Domenico de Masi e José Ernesto Bologna. Milão: Rizzoli Libri, 2004.

Dialogo su pedagogia, ética e partecipazione política, com Luigi Ciotti. Torino: Edizioni Gruppo Abele, 2004.

Ten Eternal Questions — Wisdom, Insight and Reflection for Life's Journey, com Nelson Mandela, Bono, Dalai Lama, Gore Vidal, Jack Nicholson e outros. Organizado por Zoë Sallis. Londres: Duncan Baird Publishers, 2005. Edição portuguesa pela Plátano Editora, Lisboa, 2005.

50 cartas a Dios, com Pedro Casaldáliga, Federico Mayor Zaragoza e outros. Madri: PPC, 2005.

The Brazilian Short Story in the Late Twentieth Century — A Selection from Nineteen Authors. Nova York: The Edwin Mellen Press, 2009.

Reflexiones y vivencias en torno a la educación, com vários outros autores. Madrid: Ediciones SM, 2010.

El amor fecunda el universo: ecologia y espiritualidad, com Marcelo Barros. Madri: PPC, 2012. Edição cubana pela Editorial de Ciencias Sociales, Havana, 2012.

Brasilianische Kurzgeschichten, com Lygia Fagundes Telles, Rodolfo Konder, Deonísio da Silva, Marisa Lajolo e outros. Karlsruhe: Arara-Verlag, 2013.

Laudato sí. Cambio climático y sistema económico, com François Houtart. Quito: Centro de Publicaciones, Pontifícia Universidad Católica del Ecuador, 2016.

Hablan dos educadores populares: Paulo Freire y Frei Betto. Coleção Educación Popular del Mundo. Havana: Editorial Caminos, 2017.

Golpe en Brasil — Genealogia de una farsa, com Noam Chomsky, Michael Löwy, Adolfo Pérez Esquivel, entre outros. Buenos Aires: Clacso, jun. 2016.

América Latina en la encrucijada, com Atilio Borón. Buenos Aires: Fundación Germán Abdala, 2018.

Nuestro amigo Leal, com vários escritores. Havana: Ediciones Boloña, 2018.

III Seminário Internacional Realidades, paradigmas y desafíos de la integra-ción, com Ignacio Ramonet, Miguel Ángel Pérez Pirela, Miguel Mejía, Francisco Telémaco Talavera, entre outros. Santo Domingo: Ministério para Políticas de Integração Regional da República Dominicana, 2018.

François Houtart: Vida y pensamiento — Grupo de Pensamiento Alternativo, com Gustavo Pérez Ramírez, Samir Amin, Nguyen Duc Truyen e outros autores. Bogotá: Ediciones Desde Abajo, 2019.

Audácia Cultural, Fidel imaginarios, com Fernando Ortiz, Nicolás Guillén, Gabriel García Márquez e outros autores. Organização de Ana Cairo Ballester. Volumes 1 e 2. Havana: Editorial de Ciencias Sociales, 2019.

Obras sobre Frei Betto

Freire, Américo; Sydow, Evanize. *Frei Betto — Biografia*. Prefácio de Fidel Castro. Rio de Janeiro: Civilização Brasileira, 2016.

Freire, Américo; Sydow, Evanize. *Sobre Frei Betto — Una Biografía*. Prólogo de Fidel Castro. Havana: Editorial José Martí, 2017.

Elizundia Ramírez, Alicia. *Sueño y razón en Frei Betto — Entrevista al fraile dominico, escritor y teólogo brasileño*. Havana: Pablo de la Torriente Editorial, 2018. Quito: Ediciones Abya-Yala, 2018.

Régio Bento, Fábio. *Frei Betto e o socialismo pós-ateísta* Porto Alegre: Nomos, 2018.

Freire, Américo; Sydow, Evanize. *Frei Betto — The Political-Pastoral Work of a Dominican Friar in Brazil and Beyond*. Sussex: Sussex Academic Press, 2020.